打开天窗 说亮话

智富

FINANCE

天窗
文化

超赞营销：

社会化媒体擦亮品牌
Likeable Social Media

[美]戴夫·柯本（Dave Kerpen）著
刘霭仪　廖嘉莹 译

中国人民大学出版社
·北京·

目录　Contents

090　　策略7　分享顾客的满意经验

你应该拥抱最快乐的顾客，因为他们提醒你做得好的地方，这就是你企业的取胜之道。

实战招式 1. 制订一本专为回应顾客的社交品牌圣经。

2. 回应每位在社交网络上发问或发表意见的顾客。

3. 决定一套正式或非正式的奖励计划，加速正面的口碑推荐。

100　　策略8　以真诚感动客户

没有人想与一台机器对话，或与一个没有同理心的人接洽。

实战招式 1. 写下你认为最不真诚，或者对顾客来说只是一种营销手法的五件事情。

2. 请制订一套如何展现自己真诚一面的计划。

3. 马上制订一个操作社会化媒体的策略。

4. 请使用自己的名字或名字的第一个字母去回应顾客。

112　　策略9　增加透明度　带来信任

只要增加一点点透明度，就可以让潜在客户对你建立信任，并得到顾客的长期承诺。

实战招式 1. 建立一套社会化媒体策略，视诚实和透明为重点。

2. 让企业总裁成为品牌透明度的最佳代表。

3. 严谨地检查社会化媒体政策，确保以诚实和透明作为核心价值。

4. 写下三种在社交网络上回应或批评问题时更透明的方式。

122　　策略10　搜集顾客意见

在社交网络中提出问题，可以帮助你的组织获得有价值的见解，降低研发成本，并获得你的顾客和潜在客户都未必能给出来的意见。

实战招式 1. 写下一个顾客经常谈论的主题列表。

2. 根据你的顾客讨论的话题，写一个问题列表。

3. 向粉丝提问题以了解他们的需要，更好地服务顾客。

4. 寻求任何可以公开请求你的顾客和粉丝帮忙的机会。

132   **策略11   免费发放有用的信息**

分享你的专业知识，不带任何宣传的味道，可以为自己创建更好的名声。

实战招式 | 1.通过"头脑风暴"，写下所有你认为可以为目标群众提供的有用处的内容和方法。

2.写下你的企业最能胜任的计划。

3.发布几则你认为顾客会觉得有用的内容。

4.确定你的企业是否适合团购模式。

142   **策略12   有趣的故事是社交的本钱**

你需要润饰企业有趣和快乐的故事。然后，找出在社交网络上最能有效展示故事的方法，让别人欣赏并分享。

实战招式 | 1.写下企业成立的故事。

2.研究企业的其他故事，因为你的观众可能有兴趣。

3.确认如何好好分享你的故事。

4.决定如何为你的企业创作新的故事。

154   **策略13   鼓励粉丝分享故事**

与顾客在一个更深刻、更感性的层面联系，将会更容易激发顾客与亲友分享你和他们之间的故事。

实战招式 | 1.定义你的"Wow"因素。

2.定义你最热情的一个客户小组。

3.奖励可能会促进更多的启发和口碑。

164   **策略14   社会化媒体   结合顾客体验**

在你花时间和金钱在社会化媒体中让人"超赞"之前，必须确保你的客户服务、销售人员、产品都令人赞赏。

实战招式 | 1.确定你的组织中，除了你之外，还有谁可以利用社会化媒体与顾客进行互动。

2.仔细检查你所有可用的库存、资产、时间和空间，以便用于推广。

3.尽量有意义地整合最多的"赞"按钮到你的产品和对象上。

前言

　　2010年6月，我在拉斯维加斯市中心最时尚的阿利亚酒店，排队等候办理入住手续，已经站了接近一小时。我从纽约坐了六个小时的飞机，刚刚抵达酒店。浪费一个小时在这里排队等候，这绝对是我最不想做的事情。沮丧之余，我拿出黑莓手机，在Twitter上写道：在阿利亚酒店办理入住手续已经等了超过一小时，没有任何一间赌城的酒店值得我这样排队久候。

　　有趣的是，阿利亚酒店并没有回应我。相反，阿利亚的一个竞争对手却回应了我。两分钟后，我看到利奥酒店的回复。到底利奥酒店写了什么？难道是"来我们这里，我们不需要排队？"

　　如果利奥酒店发出这样的讯息，我可能会感到愤怒，仿佛他们是趁火打劫或煽风点火，希望从我的倒霉经历中获得好处。但是，相反地，拉斯维加斯的这间利奥酒店写了以下的讯息给我："戴夫，对于你的不爽经历，我们感到很抱歉。希望你在赌城的余下时间一切顺利。"

　　如果你看到了这个故事，那么猜一猜我下次去拉斯维加斯时，会选择在哪间酒店下榻。

　　利奥酒店利用了社交媒体去倾听并作出回应，在适当的时候，对适当的人，表现出一丝怜悯。在一个广告或一个强迫推销的讯息无法起作用的地方，懂得倾听、回应和表达出适度的同情，却会发挥良性作用。

　　因为一个回应，利奥酒店有机会赚取600美元。一个引起我注意的讯息，足以影响我下次到拉斯维加斯时选择入住哪间酒店。以任何一个标准来看，这都是一个相当不错的投资报酬。不过，故事并未因此而结束。

在到达利奥酒店前，我便已在利奥饭店的Facebook网页（Facebook.com/RioVegas）上按了一个"赞"。这让我的3 500位朋友，还有世界各个角落的任何有心人，都知道我欣赏利奥对顾客友善的做法。数月后，我的朋友伊莲要寻找一间拉斯维加斯的酒店，准备在新年假期入住。我在Facebook收到她的以下讯息："嗨！戴夫，我有注意到你喜欢利奥的网页。想到那里度过新年，你觉得如何？"

一个朋友的推荐比任何广告都强有力，而伊莲最后也入住了利奥酒店。显然，一些朋友肯定注意到我在Facebook上对利奥酒店表达"赞"，Facebook并且因此受到影响。所以，一个回应带来Facebook上的一个"赞"，随之而来的是成千上万的商机。

有人说，快乐的顾客会把他的快乐经历告诉三个人，而不快乐的顾客会把他的不悦经历告诉十个人。但是，根据我对阿利亚和利奥这两间酒店的实验证明，多亏现今的社交媒体，不管顾客快乐与否，都有机会告诉千万人他对于一间企业的服务和产品的感受。只要动一动手指，"赞"这个按钮就成为企业实质上的支持工具。利奥酒店把这个事实变成了它的优势，而阿利亚却与它擦肩而过。

一个讯息传递的新纪元

盘古初开，只有亚当跟夏娃。夏娃跟亚当说："你一定要试吃这个苹果。"历史上第一次的营销互动正式展开。这是简单、有效的方式。从一个值得信任的人的口中，传到另一个人的耳朵里，结果造就了一个成功的，甚至是免费的"交易"。

口口相传的营销方式就是这样开始的，而且在营销历史中成为最好、最单纯和最有效的方式（见图1的时间表）。随后，1450年，印刷机器为大众营销和媒体揭开了新的一页。门对门的信件，随之而来的报刊杂志、收音机、电视机，这些工具帮助营销人员和刊登广告的客户立即锁定大量不同的目标对象。

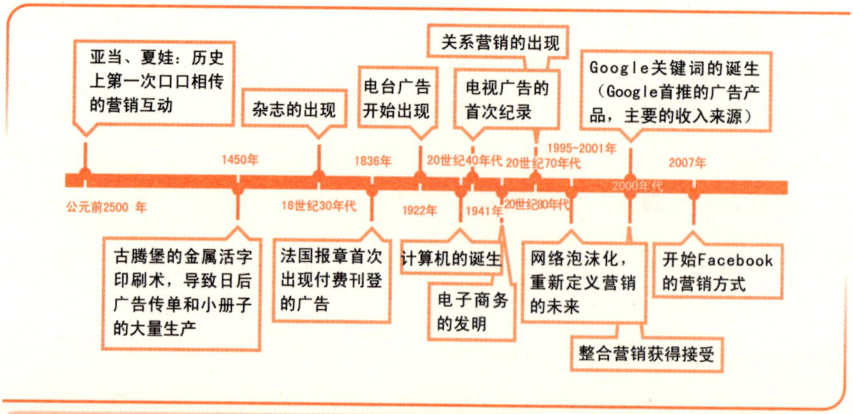

亚当、夏娃：历史上第一次口口相传的营销互动

杂志的出现

电台广告开始出现

电视广告的首次纪录

关系营销的出现

Google关键词的诞生（Google首推的广告产品，主要的收入来源）

1450年　　1836年　20世纪40年代 20世纪70年代　1995~2001年　2007年

公元前2500 年　　18世纪30年代　1922年　1941年　20世纪90年代　2000年代

古腾堡的金属活字印刷术，导致日后广告传单和小册子的大量生产

法国报章首次出现付费刊登的广告

计算机的诞生 电子商务的发明

网络泡沫化，重新定义营销的未来

整合营销获得接受

开始Facebook的营销方式

图1　营销历史时间表

时至今日，有数以千计的电台频道可以收听，也有不计其数让你免费收听音乐的渠道。在我们可以随手转换频道时，为什么还要去收听电台广告呢？当我们随时随地都有数以千计的电视频道可以收看，更能录下喜爱的节目，同时快进掉所有的广告，除非是工作上的需要或有专业的兴趣，我们为什么什么还要去收看这些电视广告呢？

不，不只是这样。人们已经不再用惯常的方式去收听或收看广告，而营销媒体的变化更是前所未有地快速。那么，今天的营销人员可以做些什么呢？你又如何让顾客知道你的产品、展示你的产品、创造业绩并完成你的营销目标？你要如何去制造话题让别人讨论你，而不具有破坏性，不让别人讨厌你呢？

好消息是，今天人们比从前更多地谈论到品牌，所以你所要做的就是倾听、回应，运用文字让读者对你的产品感兴趣，进而带领他们进行实际的行动。

社会化媒体和"赞"的革命

社交媒体的革命让世界各地的消费者拥有最有力量、前所未有的声音，更迫使所有企业去思考如何变得更透明和更多地回应消费者。加上全球经济衰退，社交媒体崛起，这让所有企业、团体组织和政府去思考如何运用少量的金钱完成更多的任务——把相关讯息传递出去，并带来热烈的讨论，而不需花费更多金钱在日渐衰退的媒体渠道上，如电视、电台或印刷品。

口口相传的营销手法一直被视为最单纯和最好的营销方式，而社交媒体更是在多方面不断证明了这个事实。人们对于他们喜爱和信任的人、品牌、团体组织，甚至政府，是喜欢互相分享和联系的。

Facebook上的"赞"按钮，于2010年4月推出，现已获得200万个种类不同的网站加入（见图2）。超过6亿个Facebook使用者，只要轻轻一按，就可以表达他们对企业、团体组织、文章、意见和想法的认同与否。不论是评论朋友小孩的照片、转载自《纽约时报》的一篇文章、本地组织所拍摄的短片、一个国际品牌的比赛，每天，这个"赞"被按的次数超过10亿次。

图2 Facebook上的"赞"按钮

相比这些惊人的数字，对于企业和消费者，最重要的是在这个社会化媒体革命里，这是网络世界中一种新兴的个人化模式。Facebook有这种能力，让你明确地知道你的朋友或朋友的朋友喜欢什么，从而让"赞"的功能成为一种非常有力量的工具。例如，你刚生了小孩，你不会在乎电视广告在推销什么婴儿手推车，事实上，你亦不会在乎Facebook上有50、500还是5 000人喜欢这一新款手推车。但是，如果你的朋友喜欢这款手推车，你就比较乐意相信制造这个产品的企业，也会乐意购买。

可是，Facebook并不是唯一一个使用"赞"的特色的社交网络。像YouTube、LinkedIn和foursquare等，都已经各自加入专属的功能，让用户能够表达自己对内容的认同，Twitter上更有一个"喜欢"（Favorite）按钮，让用户对一些独特的回应表示认同。在现今的互联网上，你能很容易地找到你所认识和信任的人，他们发表对文章内容、企业、产品、意见和想法是否喜爱的评价。如果是值得被"赞"的，企业和专业人士能够在短期内建立起信任度；长远来说，他们甚至可以成为个别领域所属网站的新主人。

身为社交网络和口口相传营销企业"Likeable Media"的共同创立人和总裁，我拥有更早使用社交网络技术的优势，而且亲眼目睹了社交网络推动的革命。我所在企业的任务，是帮助建立起更多具有透明度、知道如何回应消费者的企业、非营利组织和政府机关。我们相信，如果能够正确使用，社交网络并不是一成不变的，它不仅可用于营销企划上，更可用于公共关系、业务销售、顾客服务和营运上——而且更有打破隔阂的潜能，让企业内外部有更佳的联系。我们曾服务超过250家企业和团体，帮助它们改善社交网络的宣传，其中包括1-800-Flowers.com、Verizon、Neutrogena、纽约市卫生署（New York City Department of Health）、美国国家多发性节结硬化症协会（National Multiple Sclerosis Society）等著名机构。许多规模大小不一的团体，学会了认真聆听、传递价值、回应顾客——这些品牌共同分享并激发出在网络或非网络上、名义或实质上受人称"赞"的社交内容。

参与这场鸡尾酒会

社会化媒体仿如世界上一场最盛大的鸡尾酒会，任何人都可以聆听，并可以随时选择自己喜欢的话题、参与任何人的对话。但是，一场真实的鸡尾酒会和一场网络鸡尾酒会有两个明显不同的地方。首先，网络酒会当然是不会提供酒的。但更重要的是，在一个真实的私人酒会中，在同一个晚上，在众多的人群中，你只能参与少数几个对话。而在网络上，通过社会化媒体，你能马上跟潜在的成千上万的人，建立无数的对话。

在两场酒会中，你会发现同时存在着你喜欢或不怎么喜欢的人。在一个鸡尾酒会上，你会遇到滔滔不绝谈论自己的人，你也会遇到很优秀的倾听者，他们都表现出对你的话题很感兴趣。你会找到话题很有趣的人，亦会找到让你感觉非常沉闷的人。在一个酒会上，你想要再次遇到谁，或者谁可能是你乐意继续交往、进而想跟他们有生意往来的人？是一个不停吹嘘他企业和产品有多好的销售员，还是一个愿意聆听你所遇到的问题、跟你讨论，甚至让你开怀大笑的人？

在酒会中，直觉上我们会知道为什么跟某些人互动是有趣而且快乐的。但是，在这场社会化媒体的酒会中，很多企业还没有找到如何让大众喜欢的方法。很多企业仍然像那个不停推销自己产品的销售员，有些则天花乱坠，有些则像那个让人非常沉闷却不断讲话、不愿聆听亦不理会别人想要讨论什么话题的人。

但好消息是，作为一家企业，你可以做得更好。如同你想成为酒会上那个受欢迎的人一样，只要方法得当，你便可以让企业或组织成为业界的宠儿，进而获得利润。

细心聆听、增加透明度、作出回应、真实呈现、说有趣的故事，这些都是能让你在酒会上成为焦点的特质，同样地，它们也会让你的组织在社会化媒体中备受欢迎。

"赞"是新的桥梁

有一天，你起床后发现背很痛。搬到这座城市后，你一直都没有去找新的医生，而你上次的身体检查已经是很久以前的事了。现在，你终于付出了代价。痛楚让你无法再继续等待，你马上需要一位脊椎医生。

打开计算机，你在Google的网站输入"脊椎医生"和你所在地的名字。你看到十位付款给Google让自己榜上有名的脊椎医生，你还在相关搜寻中看到列出的一些名单。但是，在这种紧急状况下，你真的愿意把疼痛的背部交给一个完全陌生的人吗？然后，你想出另一个方法。你到Facebook上，再次输入"脊椎医生"，在搜寻结果最上方所列出的其中一位医生旁，你看到有三位朋友"赞"这位医生，下方则是另一位脊椎医生。这位医生边上有两个"赞"，有两位朋友喜欢他。你心里想："太好了！终于找到可以信任的医生了，因为我的朋友喜欢他。"你赶快预约，然后出门去找这位被你朋友"赞"的专业医生来处理你的背痛。

这种情景和类似的情节也许还没有大量涌现，不过，距离使用Facebook和社交地图去搜寻和销售广告的日子并不遥远。想想看，在你拣选医生、律师、技工，或者任何重要的产品或服务时，如果可以参考值得信任的朋友的喜好或推荐，你为什么还要参考广告或Google上的推销呢？Facebook和社会化媒体让前者变得无限简单。这只不过是对各行业的营销人员改变游戏规则罢了。

好消息是，在我们现今所处的沟通新世界中，每个人都可以参与其中。创造好产品，把消息发送出去，让一切变得简单，方便人们与朋友分享。这样，不费吹灰之力，你就可以获胜。举例来说，五年前，如果你到一间你喜欢的餐厅用膳，你可能会与几个朋友、家人或邻居分享你的经验；又或许你真的很喜欢这家餐厅，你在去过后的一周内仍极力推荐，但即便这样做，最多也只不过是分享给了10~15位朋友。现在，通过社交网络，只要轻轻一按，便可以跟200位Facebook上的朋友、300位Twitter的追随者或150位LinkedIn的使用者，分享你的经验。

不论企业、组织、客户生意规模的大小，你都可以根据这本书中扼要概述的社会化媒体的简单规则获取报酬。高级管理层和任何在工作上需要与人交流的人也必须知道，在社会化媒体和Facebook的世界中营销，并不只是向外宣扬你的讯息，还要获得最大的曝光率，这是有关走进话题、聆听、承诺和获得认同的过程。现在，赢家已不再是最大声、最高调的富豪，而是最聪明、最灵活的聆听者。

社会化媒体到底能做什么？不能做什么？

在继续本书前，我想分享三个有关社会化媒体的重点，澄清大家的一些迷思，以确保我从一开始就可以管理好大家对社会化媒体的期望。

1. 社会化媒体并不能给不良产品、企业或组织带来帮助。 如果你在推广营销不好的服务或产品，社会化媒体不但无法帮助你，它只会伤害你，因为评价很快会被传开。好消息是，如果你能善用社会化媒体，当你的产品或者服务不好时，你很快便会知道。这样，作为一个优秀的营销人员，你能在这些不好的产品和服务导致实际损失前，尽快解决这些问题。

2. 社会化媒体并不能让你的业绩一夜提升。 成功需要时间，伴随而来的是名气增加、更多人推荐、更多人流，最终推高业绩。我很希望这本书可以帮助你马上拥有打开社会化媒体收入引擎的钥匙，帮助你财源广进。但是，我知道我无法做出保证。我的工作是通过很多不同的案例，去证明投资在"有趣、好玩的社会化媒体"上，你可能获得巨大的报酬。但无论如何，社会化媒体并不是一个实时的胜利，我们讨论的是建立人际关系，这显然是需要时间的。

3. 社会化媒体并不是免费的。 它需要时间和（或）金钱的推动，去达到持续的增长。因为加入Facebook或其他值得一提的社交网络是免费的，所以很多营销人员认为社会化媒体是免费的，或者至少很便宜。好消息是，不论你现在的企业规模有多大，都不可能像过去20年的那些大企业一样，把花费在电视媒体上的金钱，用在现在的社会化媒体上。但是，要建立并执行一个有趣、好玩的社会化媒体，将需要大量的时间和金钱。这样一个计划不可能单凭任何一个营销或公关部门完成，这将关系到整家企业，是包括代理和厂商的庞大工程。

书本也是社会化媒体

　　在这本书中，我谈到很多有关社会化媒体双向互动的本质，以及如何去操作这个潜能的重要性。当然，书本是典型的单向媒体：作者写作、读者阅读和消化。作为一个社会化媒体的作家，基本上我不允许这种事情发生。所以，我要对读者做出一个承诺：当你在阅读这本书的时候，如果你有任何问题需要解释，或对内容抱有怀疑，或想挑战我的论点或策略，请通过社会化媒体联络我。你可以通过 Facebook.com/DKerpen 或 Twitter.com/DaveKerpen向我提问。如果想快速地获得答案，或许不需要我的直接回复，那么你就可以直接在我的公司网页上留下你的问题：Facebook.com/LikeableMedia；Twitter.com/LikeableMedia。我真心希望你能尽量提出问题。

让我们开始受人喜爱

　　比起过去任何的通讯技术，Facebook、Twitter、Blog、YouTube、LinkedIn、Foursquare，以及其他社会化媒体网站和工具都富有创新性。要了解这些社交网络背后的运作基本原则，以及营销人员和商人如何能够最有效地操作这些网站，我在书中围绕的主题，就是如何利用社交网络来建立起一个令人无法抗拒的品牌。不过，在研读这18个策略前，我力劝你先从附录看起。因为附录中提供了一个简单的辅助课程，都是针对Facebook、Twitter等社交网络和不同的博客与工具的，这个环节可以帮助你学习如何去思考和使用这些最重要的社会化媒体。

　　尽管社会化媒体网站和工具在迅速变化，但本书所讨论的18个策略将不会改变，它能帮助你利用社会化媒体增加透明度、懂得回应、承诺和获取更大的利润。

　　感谢大家选择与我一起踏上旅途。让我们开始受人喜爱。

策略1

持续聆听　获"赞"关键

> **在花钱去推销产品前，**
> **你要聆听人们真正的需要。**

你很生气。

你刚收到汽车保险公司的电子邮件，解释对于日前你发生的交通意外，他们只愿意承担一半的汽车维修费用。你多付了700美元，很不开心。你很想知道，在这种情况下，如果对方无法全额赔偿，那为什么你每个月还要缴交高昂的保险费。于是，你打电话给保险公司，等了30分钟。终于等到一位客户代表，他却回复："很抱歉，我无能为力，这是公司的政策。"听到这些的你只有干坐着，既沮丧又灰心。电话那头的人还在照着剧本读台词："还有什么可以为你效劳？"

"当然没有。"你心想："代我支付汽车的维修费用，如何？或许你们应该少花一点儿广告费在我整天都能看到的电视广告上，而要多花一点时间在顾客服务上。"可是，没人倾听你的需要，这的确让人感到沮丧。

于是，你在Facebook或Twitter上发牢骚："我的汽车保险公司太烂了。"几分钟后，你收到来自其他人的回应。让人吃惊的是，你的汽车保险公司也作出了回应："我们知道了。请就相关事件寄一封简单的电子邮件给我们，我们会尽快查明。"这个回应让你的感觉好了一点。

是否因为你的公开批评，所以保险公司才给了你一个正面的回应？也许。但重点是，保险公司的销售代表明白你对其服务感到沮丧，因此被迫正视你的批评。当对话能够如此简单地公开，企业就无法再去漠视顾客的特殊要求或投诉。取而代之，它们必须聆听、了解，并作出适当的回应。

社交网络　顾客心声大披露

沟通是指50%聆听，50%对话。但是，在一段很长的时间里，无论规模大小，企业并没有对"聆听"给予足够的时间。客服代表、市场研究人员和焦点小组的组织者，他们可能会聆听，但用于"聆听"活动的预算，相比用于在大众传媒上"说话"的经费，只是小巫见大巫。社会化媒体的出现，让企业在历史上第一次可以通过社会化媒体听取大量对它们和竞争对手的评论。

在社会化媒体上，你很容易听到对你企业有兴趣的表达和评论，因为你在最前线。你可以通过社会化媒体去查看潜在顾客，或是那些正在讨论着你的企业的潜在客户，你也可以直接聆听顾客谈论一些不相关的事情，当然这些聆听的目的是要更了解你的顾客。你要查看你的同行、商业伙伴，甚至竞争对手的顾客，也从未变得如此简单。通过社会化媒体，你能收集到的数据量和参与谈话的数量，简直令人难以置信。

在社交网络上"加入谈话"非常有吸引力。但是，Facebook与Twitter并不单纯是一种广播媒体。它们是让人参与的媒体，或者聆听的网络。因此，除非你聆听，否则你如何参与谈话？至少，你也要聆听其中的一部分。

如果询问任何有约会经验或有一段成功恋爱关系的人，你就会知道聆听你的伴侣固然重要，但表现出你在认真倾听亦非常重要。第一次约会中，喋喋不休而不愿聆听的人，每次都会被踢出局，如同在鸡尾酒会上，只顾谈论自己的人一样。这更扩展到只会把营销经费用在让企业自己说话，却花很少时间或金钱去聆听顾客的企业一样。社会化媒体是首要的沟通频道，能让你广泛地聆听。不论销售什么产品，你的顾客肯定是说话的一方。在回应前先聆听，你才能以聆听者的身份参与谈话。

全年无休的意见箱

当顾客或潜在客户认同你的聆听时，这会立即巩固彼此之间的关系。我们稍后会讨论更多有关回应的内容。不过，显然，除了聆听，认同别人的感受也能让对方感到备受关注，让他们更快乐，这是好事。即使你无法正面回应顾客（在某些高度管制行业中，如制药和金融企业，只有专业人士能合法地提供适当的回应）。聆听还有以下好处：了解顾客是否使用（或不使用）你的产品，这能帮助你对产品作出很关键的修正，同时策划出营销策略。你也能发现意想不到的机会，或者你认为可以帮助产品大卖的产品特色。当然，你也可以第一时间了解有些产品为何不能打动消费者甚至失败的原因。

知道什么对顾客最为重要有助于你提供更佳的产品和促销活动，从而进一步带来话题和提高销售额。通过这个途径，你可以小心地测试新产品的概念，观察市场反应，并随时注意顾客的脉搏，快速地得到回应，而不必等到推出昂贵的产品后才去做这些。避免使用高价的广告活动，把你认为会受到人们喜爱的产品或服务放在第一位；在花钱去推销产品前，聆听人们真正的需要；用社会化媒体上的聆听作为最终的考察和焦点小组工具，而这些几乎是免费的，全年无休地供你使用。

有情"聆听" vs.无情"监管"

我们简单比较一下"聆听"与"监管"这两个词。很多企业或个人交替使用这两个词，去形容人们谈论他们、他们的产品和竞争对手的过程。有些人相信，这只是用词上的问题，但事实上，这两个词汇有着重大的区别。"监管"毫无人情味，给大家一定程度上不自在的感觉。当你听到"监管"，你会联想到美国联邦调查局或监视器，你会想象负面的情况："监管那个咳嗽的人，他的情况可能变坏"。相反，"聆听"是一个很重要和人性化的过程，到目前为止，我还没有碰到不喜欢被倾听的人。在"聆听"和"监管"之间，你喜欢哪一个呢？答案非常明显。

从免费搜寻网站开始

有很多种免费方式去倾听顾客和潜在客户在网络上的发言，也有很多付费的企业系统可以做到，费用从一个月几美元到几千美元都有。如果你是新手，可以先尝试以下免费方式：

- Google Alerts
- Technorati blog search
- Twitter search
- Facebook search
- YouTube search
- TweetBeep

进入任何社交网络，在搜寻功能中输入句子或关键词，你便可以看到人们在实际生活中使用这些关键词给出的评语。记得不要只搜寻你自己的品牌名称，也要搜寻竞争对手的；更重要的是，顾客使用的名词术语亦需要搜寻。

例如，如果你是一个地产经纪人，你当然可以在社交网络上搜寻你所服务的公司。但是，为什么不在当地的社交网络对话中搜寻"想购买房屋"这样的句子，与此时真的有购房需要的那些人建立联系，直接分享他们的感受？同理，如果你是一位律师，你可以搜寻你所在的律师事务所的名字。但是，如果去搜索"需要聘请律师"的句子，聆听潜在客户谈论所需要的法律服务，这可能更有帮助。

对需要聆听大量客户意见的品牌，可以考虑使用一些付费的企业软件方案。坊间有很多分析顾客意见的平台，可先由几个不错的平台如Vocus和Radian6入手（详见表1.1）。

表1.1 付费的顾客意见分析平台

平台	网站	卖点
Meltwater Buzz	Meltwater.com	广泛追踪和分析使用者发表的内容
Parature	Parature.com	聆听并把顾客的意见分发至各相关的部门
Radian6	Radian6.com	通过整个社交网站，聆听、衡量并与顾客互动
Sysomos	Sysomos.com	实时且无限制地进入所有社会化媒体的对话
Vocus	Vocus.com	公关管理软件

　　这些分析平台能帮助你进入整个社交网络的大量对话中，利用这些平台，你可以抓取即时、每日或每周所需的各项报表，随时分析竞争对手、用户发言观点等多项目选择。这些平台如Radian6虽然比一般的免费软件昂贵，但相较传统的市场研究，如市场调查和焦点小组却来得便宜，亦更有价值。

聆听之后　适当响应

　　当我们聆听时，我们要敞开胸怀接受所获得的信息。不过，更重要的是知道聆听之后，我们要做些什么。如果你的品牌或产品受到批评，你要尽快正视问题；如果人们期待新产品，你要想尽办法创造出来。举例来说，顾客很喜欢你的某款产品，但是希望有不同的口味、颜色或设计；或者是，如果你愿意满足顾客所需，他们愿意付出更高的价钱。如果顾客在社交网络中流露出对你的产品有兴趣，是你早前并没有发现的，那么，你可以考虑把这些特点收集起来，作为日后营销和沟通之用。当然，如果你认真聆听顾客或潜在客户说的话，你就会制订出一套适当回应他们的策略（在接下来的章节，我们会详细讨论这一点）。

拒绝聆听的代价

如果你拒绝聆听，轻则无法找出潜在的增长机会，贻误发现管理上的漏洞，或两者皆有；重则你的顾客或潜在客户将会转投那些愿意聆听和回应顾客需要的竞争对手，你的品牌名声将大受损害。待你回过头来，开始学习聆听、作出有效回应并进行转变时，一切却已显得太迟。即使你身处高度管制的行业，无法完全参与对话，你仍可运用手边的资源，去发现顾客和潜在客户所需，并运用这些信息去创造更好的产品、服务或流程。

我跟同为营销专家、作家和社会化媒体的长期用户霍洛维茨（Shel Horowitz）谈论有关聆听的重要性。他承认，一开始，他并不像现在一样重视这个观点：

"在我参与的第一个讨论会中，起先我并没有用心聆听。我侃侃而谈，没有花任何时间去了解大家，最后我落荒而逃。自此之后，通常在参与很多活动之前，我会花两星期的时间去阅读所有的留言，然后用一个引言作为开始。现在，我被誉为友善、懂得关怀、有帮助、有知识和坦率的人，我所给出的建议都对同伴有一定的分量。"

他很有把握地告诉我，他所撰写的书籍出版后，销售量当中15%~20%归因于他花时间在社交网络上聆听和回应。在聆听之前，很多营销人员会使用崭新的营销渠道去说话，实质上，这只会使得每个渠道充满噪音。想想电子邮件和很多所谓的"互动营销"，它们真是在互动吗？还是绝大部分都只是营销者在说话？与之相反，社交网络提供了大量的机会，让营销者有效地聆听，并让聆听成为沟通的一部分。

停不了的聆听

谨记，不要以为只花一点时间聆听，然后跟所有的潜在顾客说话，便可以把他们变成你的顾客。聆听永远只占沟通过程的50%，所以在社会化媒体的工作中，你需要不断琢磨你的聆听技巧和过程。在现实生活中，更要常常聆听别人的对话。事实上，最优秀的约会者、朋友、商人或机构，多数都懂得聆听：细心倾听每个人想要表达的东西，在真正值得发表意见的事情上说话。

有趣的是，在约会这门学问里，总有一些自以为掌握了聆听威力的人。约会开始时，他会说："告诉我关于你的事情。"随后，对方在讲了约一分钟后，反问他："那你呢？"接着，在整个约会中，只剩下他滔滔不绝地谈论自己的时间了。这样的人，虽然声称他确实在聆听对方说话，但事实上，他只是做了一个动作，并没有真正去聆听，并让它变得有价值。

这样的聆听并不是真正的聆听。为了成为一个受人喜爱的机构，有效地聆听顾客或潜在客户说的话，你必须让聆听完全融入你的工作中，成为工作的一部分。

管制产品　只听不说的对策

对于美国的营销者而言，Neutrogena skinID（露得清）属于特殊的高度管制项目。它是Neutrogena企业开发的一种专门解决个人青春痘的产品。"Neutrogena 组成自己的Neutorgena Dermatologics（皮肤研究团队）——由一群知名的皮肤专家、科学家及研究专家组成——目的是研发一种能够解决青春痘的产品。为了针对每个人的需要，他们考虑每个人独特的肤质，结果诞生了skinID这款专门解决个人青春痘的产品。"这种适用于年轻人的热门产品，显然非常适合社会化媒体。但是，考虑到产品和行业的特殊性，在社会化媒体上跟顾客沟通产品是富有挑战性的：对话常牵涉很多医药方面的信息，并非企业本身或其代理可以回答，加上法律的因素，这些问题必须由该领域符合资质的医生去解答。

由于这些原因，Neutrogena企业把在社会化媒体上的聆听作为首要任务。Neutrogena skinID有一专门的小组去追踪和聆听在博客和网站上的大量谈话内容，收集并分析Facebook上skinID粉丝数以千计的评论。虽然品牌小组只能回复部分意见，但他们会关注所有的评论，利用人们的观点、意见和问题，在所有的营销和顾客渠道上，改善或完善品牌的沟通。

在我们可以合法地回复大家，甚至承认我们只能聆听时，我们跟顾客的关系将变得更加巩固。在图1.1中，当米娜写出她希望skinID能到墨西哥时，我们立即告诉她（由于是公开的，所以可同时告诉其他正在阅读的人）我们正在聆听，虽然这并不是她想得到的答案。而当萝伦丝拉写出她使用skinID的经验时，我们亲自感谢她，而她马上回应："不客气。"这些都非常简单，但很多企业都没有这样做。

> **Mena：** 我真想买到你们的产品。可是，很可惜，我在墨西哥买不到你们的产品。我希望这种情况能很快有变化，因为我的皮肤只能用露得清，我想Skin ID这款产品会给我的皮肤带来奇迹！请问，你们何时在墨西哥销售露得清？或者是否可以有限度地接受来自墨西哥的订单？我超爱这个品牌，所以我乐意等待它来墨西哥的那一天。
> July 8 at 2:23am, Comment–Like–Flag

>> **露得清Skin ID：** 谢谢你对Skin ID感兴趣！很抱歉，目前这款产品只在美国和加拿大有售。我们正在努力拓展销售渠道，已确保可以尽快在全球销售。一旦有在墨西哥销售的安排，我们一定会第一时间通知你。
>> July 8 at 11:43am, Like–Delete

> 写评论……

> **Laurenzilla Immadinosaur：** 这是第二天用Skin ID，感觉很好。虽然脸部皮肤还看不到特别大的分别，但已经觉得清爽很多了。Skin ID很好闻，我还没想出来它是什么的味道，好像是黄瓜？总之，我已经是露得清的粉丝了……
> See more
> July 7 at 1:31pm, Comment – Like – Flag

>> **露得清Skin ID：** Lauren，很开心听到你的赞扬！知道Skin ID能帮助你的皮肤更加健康，我们非常欣慰。谢谢你这个粉丝！
>> July 8 at 11:43am, Like – Delete

>> **Laurenzilla Immadinosaur：** 不客气！
>> July 7 at 4:45pm, Like – Delete – Flag

图1.1 Neutrogena skinID在Facebook迅速回复留言

　　通过聆听和回应，顾客愿意提出更多的看法，而忠诚度亦随之增加。相应地，他们更加拥护产品。就是这么简单：顾客说话，企业聆听和关注，顾客与旁观者都高兴，因为对话都是公开的。你会愿意跟谁购买产品呢？一家公开聆听顾客的企业，还是一家漠视顾客、并不使用社交网络与公众直接进行互动的企业？

IBM借助聆听发掘销售机会

eMarketer.com曾经组织过一个访谈，与会者中有在IBM网站小组工作的莲达（Ed Linde II）。她谈论到像IBM这般规模庞大的企业如何在社交网站上聆听顾客和潜在客户。莲达介绍：

我们有一个叫聆听线索的计划。有一些自愿工作者，我们称之为"寻找者"。他们会到一些特定的社会化媒体网站，聆听并观看谈话的内容，看看是否有潜在的销售机会。例如，如果有人说："我正在找一台服务器"或"在这种情况下，你们建议使用哪种储存设备？"或者"我需要撰写一份提案书，你们有模板参考吗？"这些都是很好的线索，因为此刻可能正有人准备购买或正在购买东西。

我们试图辨识这些线索，然后把这些线索交给负责的电话业务代表。他们接受过专业的对话训练，知道如何确认这些机会。经确认后，他们会把资料转交合适的人选继续跟进。

莲达说，到目前为止，聆听线索这个计划是IBM最好的做法。通过这个明智的聆听计划，IBM发掘了无数商机，进行了很多成功的交易。同时，IBM也期待这个计划能带来很大的发展空间。

同时莲达也补充，通过社交网络的聆听计划，IBM发掘了成千上万的商机。但聆听计划并不是仅仅聆听顾客如何谈论IBM，而是聆听人们在讨论中使用的关键词和讨论的内容，以此辨认他们是否为一位好的潜在客户。

很多企业可能无法如IBM一般，将大量资源投入在聆听客户上。但是，如果IBM能够通过聆听发掘出成千上万的商机，那你也同样可以通过投入一些资源来分享聆听带来的益处。记住，除了聆听线索外，你同样需要聆听有关产品或服务的潜在问题或挑战，这些都是顾客的观点和问题，也包括客户如何谈论你们的竞争对手。其实，无论你的企业或品牌的规模如何，社交网络上的对话和评论，都能让你获益良多。

聆听永远占对话的50%

在社会化媒体中，聆听是最重要的技巧。不过，刚开始提到的一些很吸引人、很刺激的事过后，下面的内容就最容易被人忘记了。所以，不论你做什么，只要开始了，千万不要停止聆听。甚至当你开始讲话时，也不表示你停止聆听，其实这正好相反。如果你发现已经没有话题可以聆听了，扩大你的搜寻范围，寻找新的客户——通过他们的谈论，你会发现也许他们尚未意识到你的存在，但这种情况很快就有改观。因为只要你持续聆听和回应，不需要多久的时间，你的企业将会在社会化媒体的鸡尾酒会上，成为最酷的对象。

实战招式

1. 写下五句人们会使用的句子，让你能辨认出他们是你的潜在客户。使用Twitter和Facebook去搜寻这些句子。

2. 使用Twitter、Facebook和YouTube去搜寻你的品牌、竞争对手、产品和服务。记下人们所描述的事情。

3. 展开一个计划和一套系统，通过社交网络，正式或非正式地定时聆听。然后判断从中所得到的启示和知识，哪些是对你的组织有利的。

策略2

清晰设定目标客户

> **不需刊登任何广告，只要在社会化媒体上定位要找的人群特质，你就能在成千上万人当中找到目标客户。**

2009年3月，我在一次会议上介绍一个我称之为"设定目标"的观点。这个概念指一家企业通过搜索个人在社会化媒体上发布的简介、活动和网络后，将所有的营销和广告集中在这个特定的团体身上。当时，Facebook、Twitter和LinkedIn这样的社会化媒体手中已掌握了数以百万计的个人资料，数量多得令人难以想象，现在当然更多。而通过用户在这些媒体上发布的简介和评论，你针对这些团体营销和卖广告的效果会更好。例如，一间啤酒商家与其苦苦寻找21~34岁的男性作为目标客户，倒不如通过主要的社交网络，在个人兴趣中列出"喝酒"、"派对"或"酒吧"中的人群里，轻易找出21~34岁的男性。

我有一位朋友布拉德肖（Leslie Bradshaw）任职于创意社交设计企业JESS3，她也加入有关"设定目标"的讨论，分享她的想法。她的观念跟"设定目标"相似，但搜寻条件更为狭窄：在几百万人中，只设定一个人为目标。

我对这种以一个人为目标的设定很感兴趣。听到这个方法的当天晚上，我火速赶回酒店，埋首于Facebook广告页面，开动目标设定的选项，然后放上一则广告。这则广告专为一位31岁、住在纽约市并在我的公司工作的已婚女性员工发布。广告内容是："嘉莉，我爱你，我想念你。我很快便会从得克萨斯州回家。"

那则广告只有一位目标观众（见图2.1）。也就是说，在Facebook上的几百万人之中，只有一位能看见。当然，当我的太太兼工作伙伴嘉莉看到这则广告时，她立即爱上了它，并感到欣喜若狂。随后，她会做出任何在社会化媒体营销公司工作的员工都会做的事情：她用同样的方法，为一位31岁、住在纽约市、在我的公司工作的已婚男性员工发布广告："谢谢你，戴夫。我也爱你。这真的很棒。"这成了一个好的开端，自此之后，我们在Facebook上会互寄这种限定目标的广告给对方。

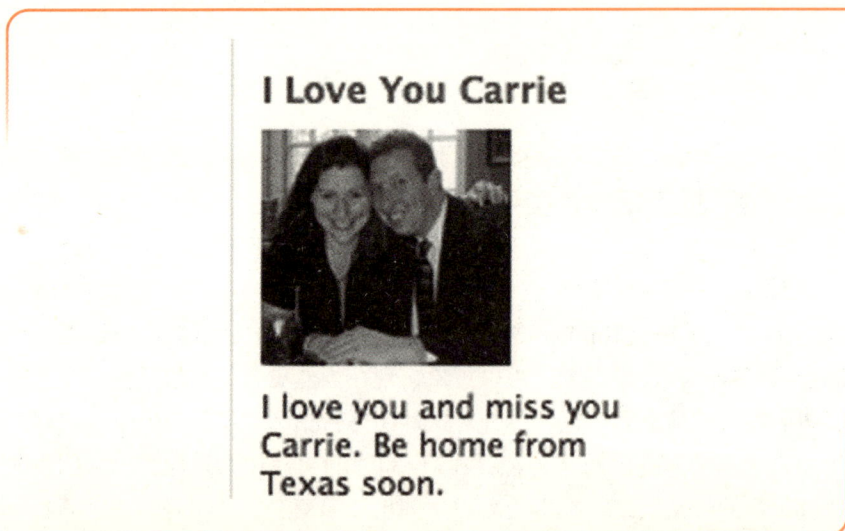

I Love You Carrie

I love you and miss you Carrie. Be home from Texas soon.

图2.1　限定目标的广告

除非你想让你的配偶或朋友印象深刻，或者你跟这本书的作者一样，是一位社会化媒体的冒险者，否则，你的目标客户不应该只有一人。如果真的只有一人，只关注当地规模最大的企业总裁，或创业投资企业的投资经理，你的品牌会得益吗？你应该考虑把目标放在重要的厂商或业务伙伴的营销总监中间，并和他们建立联系，深入探讨他们的需要和对你的品牌的整体期望。

不论你理想的目标客户是1个人、10个人、100个人、1 000个人或100

万个人，现在你关注他们的方式，在几年前是完全不可行的。过去，报刊杂志、电视或电台可以让营销人员基于不同的年龄层，例如18~34岁、25~54岁的女性，或居于纽约的55岁或以上的男性，迅速进入目标客户群，但经事后检讨，营销人员发现，几乎在每个个案里，这样的范围都过于广泛。举例来说，你的目标是父母，还是单身人士？运动迷还是只是曲棍球迷？你身处各个主要的市场里，还是特定的市场里？

传统的营销人员，在谈讨社会化媒体的出现与找到合适的顾客相互之间究竟是何种关系时，往往都会唱反调。他们会争辩，现有的有线电视网络，已能找到对特定话题，如对室内装潢和烹饪有兴趣的人。他们相信在企业对企业的空间里，商业刊物和会议是寻找合适群众的最佳方法。

现在，一旦找到你的目标客户，聆听（见策略1）并发现他们所需，进而提供你的产品或服务来满足其需要，你就可以与你的客户建立关系，甚至可以影响他们通过社交网络，直接购买你的产品或服务。

比起以前只能运用一般的电视或广播，现在你可以通过合适的商业刊物和有线电视节目更清楚地设定目标客户，但杂志和特殊刊物的市场正在迅速地萎缩。此外，在我所认识的人当中，不论正在收看哪个特定的频道，他们都会使用数码录像机的快进功能避开所有电视广告。加上来自没有广告的播客(podcasts)、博客等的冲击，越来越少的人收听传统的电台广播。此外，通过传统媒体设定目标客户虽然较以前的方法好，并不代表这是最佳的方法。而且，在搜寻过程中，为什么要勉强接受任何事情，而不是找出最适合你产品或服务的理想客户呢？下面让我们看看几个在Facebook、LinkedIn和Twitter找出理想客户的实例。

Facebook：接触六亿用户

Facebook现有超过六亿的注册用户。当然，Facebook 上的广告并不是免费的——Facebook宣布2010年的广告营收超过12亿美元，但其自助广告平台却是免费使用的（我们会在本书策略15中讨论更多有关Facebook广告的话题）。这表示，任何人都能轻而易举地调查出，在Facebook上，有多少用户能符合其设定的任何一个目标客户的筛选准则，而且是免费的。换言之，只要在Facebook上罗列清楚要寻找的人群特质，你不需刊登任何广告，Facebook就能在成千上万的人群当中锁定目标客户。

以下是一个可供广告者使用的、用多项标准搜寻的截图（见图2.2）。即便只是采用最基本的数据，如性别、年龄和地点，你也能迅速将上百万人设定为搜寻目标，如同你大量使用传统媒体的方法一样。（在你告诉我Facebook的用户都是年轻人之前，你必须知道的一个事实是，光是在美国，就有超过2 000万名用户是年纪在60岁以上的长者）。

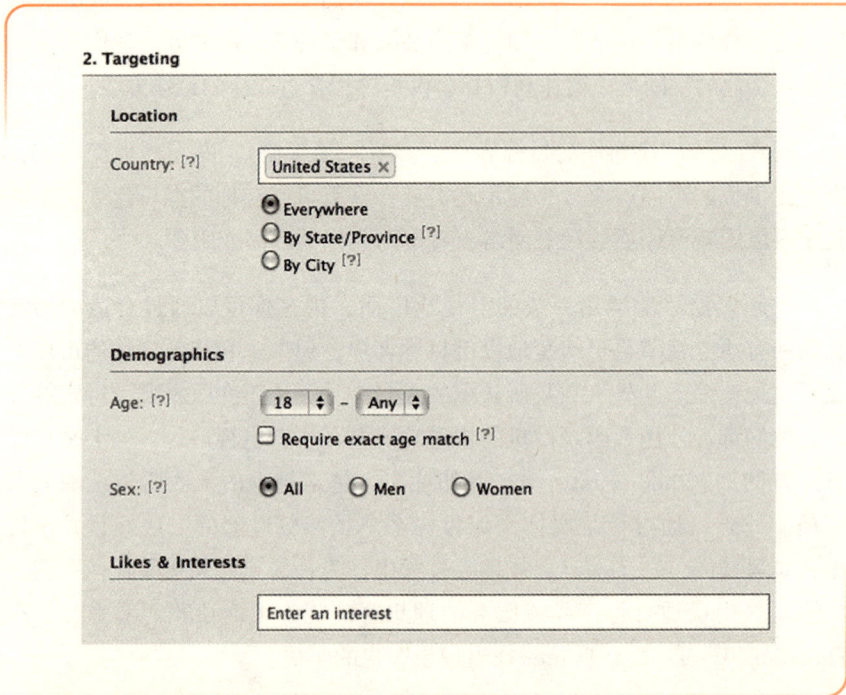

2. Targeting

Location

Country: [?] | United States ×
       ● Everywhere
       ○ By State/Province [?]
       ○ By City [?]

Demographics

Age: [?] | 18 ▼ | – | Any ▼ |
      ☐ Require exact age match [?]

Sex: [?] ● All ○ Men ○ Women

Likes & Interests

    | Enter an interest

图2.2　设定目标客户的基本特质

所以，当你根据年龄、性别或地点这些最普通的方式寻找客户时，你还是很容易找到目标的。但是，有另一项条件能让你更深入地找出最理想的客户，那就是两项重要条件：兴趣和工作地点（见图2.3）。

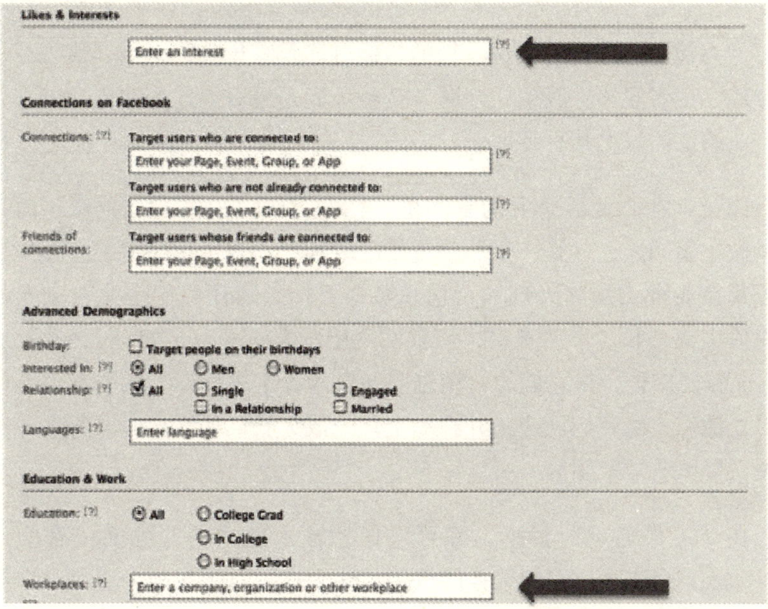

图2.3 利用兴趣和工作地点设定目标

在"兴趣"栏中，你可以随意输入任何关键词。注意：这里有成千上万个选择。例如，输入"烹饪"，然后是更具体的"意大利菜"、"中国菜"或者"法国菜"。你亦可以输入"烘烤"，接着是"烘烤馅饼"或"烘烤蛋糕"。当然，还有很多跟烹饪有关的关键词。如果你在食品行业工作，这些关键词都是有力的搜寻条件，帮助你寻找到目标客户；而你所选择的与烹饪相关的关键字，取决于你的产品是意大利菜，还是你的企业是一家供应连锁中餐厅的香料批发商，或者是一家面粉企业。

如果你计划开设瑜伽中心，你可以将居住在你选定的地址附近且列出以"瑜伽"为兴趣的人作为目标。或许，你可以更加具体地将那些列出"热瑜伽"或"能量疗法"的人作为目标。这取决于你能提供哪种服务，或者你计划在未来提供哪些服务。如果你代表一个非营利组织，你可以设定众多以

"慈善事业"为兴趣的人。然后，进一步去查询相关的、更明确的目标，或求助于当地，甚至全球范围内其他有着相似任务的非营利组织成员。

"兴趣"亦包含着职位。你的目标可能是零售采购人员、代理商、人事经理、记者媒体、医生、牙医，甚至可能是总裁。这个搜索功能在企业对企业的空间里尤其有帮助。

谨记，在企业对企业的空间里，你的营销对象并不是企业，而是企业里做决策的人，这是一个非常重要的区别。在我运营的这个企业里，我们以每个企业的品牌经理和营销总监为目标，这让我们企业对企业的生意得以大幅增长。举例来说，当我们希望跟Neutrogena合作时，我们通过Facebook的广告，将它们的营销总监和经理设定为目标。在引起他们的注意后，他们会给我们回应，并在一个月内成为我们的客户。两年后，我们的关系仍然非常稳固。

在"工作地点"栏里，你可以任意输入搜索的关键词。有些人在Facebook上会注明他们所服务的机构，这个功能对于本地企业是一个非常有帮助的指引，尤其当它们的地理位置靠近当地的一些大企业时，这个功能更有益处。例如，我在旧金山有一位客户是脊椎按摩师，他的目标就是邻近的上班族，他采用这个功能就可以很快和目标客户建立直接的联系。同时，你也可以在企业内部的营销和沟通上运用这项功能。比如说，你想象一下，当你在Facebook上发出一个Facebook讯息，告诉全体员工"你们做得很好，请继续努力"时，员工的感受将会如何。

当你在"工作地点"中加入"职位名称"，你找到目标客户的准确度就更高了。例如，你可以迅速找到财富500强企业中的首席信息官，或者是本地地产中介中的销售冠军。

LinkedIn：专业人士聚集地

当Facebook自夸有数亿名用户时，LinkedIn亦自豪于它拥有成千上万专业和商业人士身份的用户。的确，在B2B平台里，LinkedIn上特定的目标搜寻选项值得一看，它所提供的信息中，包括一些显形数据，如年龄、性别和地点，但同时它提供更加清晰的搜寻条件，如职位名称、行业、资历、企业规模等，帮助你决定你的客户范围。

软件营销人员的目标是信息科技领域的专业人士，财务策划顾问的目标是高级白领和管理中层。如果你要找纽约、波士顿和芝加哥的资深营销专业人士，LinkedIn是一个开始的好地方。事实上，有很多专业人士，尤其是那些资深的，并不会在Facebook上。

Twitter：寻找与产品相关的对话

我们一直在讨论Facebook和LinkedIn这样的平台所提供的设定和查找目标群众的惊人能力，但是，如果根据人们公开和大家分享的实际需要去设定目标客户，结果又会是怎样？换句话说，如果你知道人们在寻找的产品或服务是你能提供的，谁会在乎他们的年龄、职位名称或兴趣呢？你可以通过Google去寻找这种人。不过，Twitter是当下寻找对话最成功的平台，在这里，每天都有极大量的对话——超过9 500万则！而且所有的讯息（tweet）都被默认为是公开的。利用Twitter，你的目标客户实际上随时都在和你对话，有关他们的资料并不只是通过调查收集而得来的。

例如，你是一名为娱乐行业服务的律师，或者你在一家娱乐律师事务所的营销部门工作。你可以将客户目标设定为电影制片人、演员或其他任何你认为需要服务的人。你也可以马上在Twitter上做一个搜寻，如图2.4所示。当你输入关键词"需要娱乐事务律师"，Twitter可以马上提供在过去18小时内，正在寻找娱乐事务律师的三条结果。

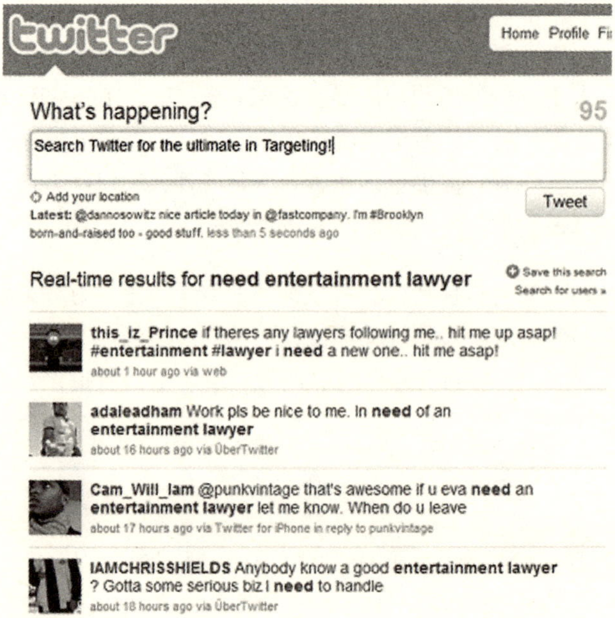

图2.4　在Twitter上搜寻娱乐事务律师

　　这三条线索对很多律师事务所而言，到底能带来多少潜在的收入？

　　如果还没尝试过，那不妨在下次打开电脑的时候，尝试以Twitter搜寻。只要浏览Search.Twitter.com，并在搜寻栏里输入"需要（某种产品、服务或项目）"或"我想要（某个你已经拥有的产品）"，你所获得的结果是惊人的：如此大量、优质和理想的目标客户，瞬间来到你的面前，他们甚至在恳求你给出符合他们需要的信息和产品。总体而言，这种方法并不适用于单价低、大批量的产品。但是，对于任何想要销售或营销高级产品或服务的商家（例如珠宝、房地产、金融、专业服务等），这是最好的目标设定方式。想象一下，在这个平台上，你只跟愿意聆听你的人，或你可以帮助他们解决问题的人沟通，相比花在Twitter上搜寻目标的时间，你的付出很快就会得到补偿。所以，不要再费心去猜想客户的需要了，马上开始搜寻，然后仔细聆听他们。

现在，暂时放下你营销员的身份，以顾客的身份来思考。你喜欢被营销人员或广告人员视为目标吗？你喜欢持续不断地收看到汽车广告，或者在你最爱的电视节目中被插播的广告干扰吗？还是，当你真的有购买一辆新车的需求或对一种车型感兴趣时，你更愿意看到汽车企业的广告资料？同样，因为你是单身，并不代表你乐意看到约会网站的广告；你是女性，并不代表你希望收到百货公司大减价的消息。这就好比虽然我是男性，并不代表我需要被提供性健康产品的企业用广告来轰炸。实际上，你比较喜欢收到企业或组织根据你特别提出的需要或兴趣而筛选和提供的讯息。现在，通过社交网络，你可以缩小范围，更精准地去设定目标。现在，恢复你营销员的身份，好好发掘机会吧。

你有多了解目标客户？

在过去的几十年里，市场信息和市场研究这两个领域取得了显著进步。比如说，在设定目标用户方面，一般来说，你不需要给出非常狭义的标准，也很容易发现目标。举例来说，你知道你的客户喜欢运动，但你不知道他们喜欢哪一种运动；或者，你知道年轻女士热爱你们的产品，但却不知道比起23~24岁的女性，21~22岁的女性谁更愿意花钱；又或许，女性律师比起家庭主妇会花更多的金钱在你的产品上。不过，当你使用Facebook和Twitter的搜寻功能后，情况会发生变化。现在你可以精准地设定目标，进行调查和研究数据，由此获悉你的产品和服务到底适合哪些客户。

相比其他行业，有些行业对目标客户的定义会更狭窄和更明确。不过，你永远可以重新定义你的客户描述，以确定哪些才是属于你的理想客户。你会发现不仅只有一群人在寻找你的产品与服务。例如，大型国际品牌普遍拥有不同类型的顾客。

举例来说，如果没有特定的群体，你可以提出这样的问题：假设你有1 000位Facebook粉丝，不妨问问他们喜欢哪一种运动。如果因某种原因，你发现十位中有九位都喜欢棒球，你可以考虑去赞助当地一支小联盟的球队。这就是社会化媒体的力量，它能帮助你找出你的目标客户，让你更进一步了解这一群或更多的人。

不要再浪费市场营销费用

在一些市场营销高级主管间，有一句广告语的调侃："我们的广告活动，有50%是可行的，只不过我不知道是哪50%。"

与之相反，社会化媒体让你在认识的人当中明确地设定目标，而不是根据你的直觉和对市场研究的模糊了解，去想象哪些是你的顾客和潜在客户。你可以在不相关的媒体上，以获得更多媒体曝光度为名，花费更多的营销广告费用；或者你可以集中于范围较狭窄但更有效的客户上。一旦进入那些特定的目标客户中后，你就永远不想再浪费珍贵的营销费用在一些较不负责任、不受注目的媒体上。

设定目标　开始对话

谨记：我们并不是在谈论使用重复的广告方式，希望能在正确的时间找到正确的人，而他们恰好需要购买你的产品或服务。我们谈论的是，更精准地定义并找出更合适范围的目标——正确的客户，并开始让他们参与对话。等他们准备好购买的时候，你就是他们最明显和合理的选择。如果你找出正确的目标，耐心对话，长时间让他们参与，当他们产生真正的购买意图后，他们甚至不需要搜寻，也不会对电视或电台广告作出反应——他们已经认识你、相信你和喜欢你，他们会直接找到你。当然，你并不需要兜售你的商品。下面举出我的公司Likeable与纤维肌痛和慢性疲劳中心（Fibromyalgia & Fatigue Centers，FFC）合作的案例，在这个案例中，我们的任务是帮助患有纤维肌痛症和慢性疲劳症候群的人与FFC联系。

Facebook兴趣栏的关键词

数以百万计的美国人受纤维肌痛症和慢性疲劳症候群所苦。作为我们的客户，FFC是美国重要的治疗机构之一，它们提供帮助的形式包括聘请专业医生、护士、顾问或小组援助，这些援助团体共有12个据点，遍布美国。过去，FFC投入大量经费在发现设定目标上，如电视广告、电台广告和平面广告，希望能找到可以受惠于它们服务的人。

然而，广告费用非常昂贵而且效率欠佳，所以我们厘定出一套缩小目标范围的方案。我们使用Facebook去寻找在兴趣栏里列出"纤维肌痛症"的人为目标人群。在这些人当中，假设除了少数是医生或研究人员外，大部分把其列为兴趣的人，都是因为自己或家人正受这疾病所苦。显然，这些人也可能是目标人群。

同样重要，我们在Facebook上成立了一个社团，名为"Fibro360"。任何曾受到纤维肌痛症和慢性疲劳症候群所影响的人，都可以在上面分享其故事、彼此鼓励，并获得有关这疾病的最新消息、提示、研究报告和信息。我们并没有把网络广告和市场营销信息链接到FFC的网站或留下电话号码，反而把所有的信息交流链接到Facebook的社团上。九个月后，结果非常令人震惊：数以万计的人加入了Facebook上的这个社团。

现在，数百人建立起联系，并且每天都互相沟通。如果社团里的人有额外的需要，他们会求助于FFC，通常也会雇用我们而成为我们的客户。已经有很多人都在这么操作，结果业务量增幅超过20%，这全归功于Facebook。

拥有最多粉丝的营销词

通过使用社会化媒体，我们做过最佳的企业对企业（B2B）的目标设定，就是以自己的企业Likeable Media为目标。也许我们的规模比起很多大型的企业小了一点，但我们在Facebook上有1.6万个"赞"。比起粉丝的人数，更重要的是这些粉丝的身份。一开始，我们在Facebook上以"职位名称"设定目标群众，如"市场营销副总裁"、"品牌经理"、"营销总监"。这些主要的决策者是我们的理想顾客，所以我们集中火力在他们身上，并针对他们刊登广告。他们成为我们的粉丝，久而久之开始与我们互动。最后，很多人打电话或发来电子邮件，要求跟我们合作。

表2.1中有更多的例子是关于企业类型和它们精准范围后的目标客户，他们都是通过使用社会化媒体和网站建立联系的。

表2.1　不同企业的目标客户

我们的客户	目标客户
地产讲师	全国的地产企业和经纪人
南佛罗里达州海边的酒店	住在比较寒冷、美国北部的女士。她们中已订婚的，可能在寻找一个结婚场地
电信服务提供商	用户在Twitter上投诉我们的客户竞争对手的问题
新的购物中心	在个人资料中列出以"购物"或"买新东西"为兴趣，并住在购物中心直径十英里内的人
猫的配件企业	在个人资料中列出"爱猫人士"、"猫"、"我有一只猫"的用户
作者	与作者写作风格或书籍类型相近的粉丝
公关企业	在我们的客户所在的城市中，100大企业的公关经理和公关总监

慢慢缩窄范围　轻松削减预算

阅读完这章后，我不建议你因为之前设定的目标顾客范围太广，而马上删减整个广告预算。但可以肯定的是，为了开始使用社交网络去寻找目标群体，你可以思考有哪些地方可以削减预算，因为这些目标群体将成为你的顾客，甚至日后更成为你的支持者。找出他们，和他们真诚交流，将他们带入你的对话中。在准备好后，你的产品将成为他们的首选。

1. 写下一段你理想目标客户的描述。尝试非常精准地定义你的顾客或潜在客户。他们的年龄、性别，他们是已婚、订婚、还是单身，他们住在哪里，他们的兴趣，他们的职位名称，他们都在谈论什么，如果部分问题的答案是"没关系"，那就没有问题。但是，尽量详细地描述你的顾客的外貌，还有你希望他们成为什么样子。

2. 一旦定义了你的客户，开始在社交网络上寻找他们。深入Facebook的广告平台，看看有多少人符合你写下的所有条件。如果你是在企业对企业的平台里，用LinkedIn上的职位名称或行业寻找。利用Twitter和Facebook去寻找你认为顾客会谈论的事情。

3. 审视你的营销预算，看看是否花费了太多去设定目标、而目标又太过宽泛的地方。你要如何降低其他大众媒体渠道的营销费用，而改用社交网络去缩小目标范围？

策略2 🧑 清晰设定目标客户

策略3

想客所想　将心比己

TARGET YOUR CUSTOMERS

你可以制造一些人们
确实想收到的信息，
而不是制造困扰。

你喜欢被打扰吗？当你在网络上阅读时，你喜欢被突如其来的广告阻挡阅读下一段文章吗？又比如，当你正在办公室里工作，电话响起，拿起电话后，当发现是一个推销员试着推销其商品时，你的感觉一定很不好。

当我在研讨会、会所或会议上演讲时，常常告诉听众——他们大部分都是营销人员——要把自己当成是消费者的角色。然后，我会问："有多少人会收听和喜欢电台广告？"

没有人举手。

"有多少人会收看和喜欢电视广告？"

这时，一般会有少数人举手。通常，作进一步了解后，会发现这些人其实是广告商。

"有多少人会使用和喜欢Facebook？"

此时，你会看到很多人快速举手，大概是现场的50%~90%。

因为使用Facebook或其他社会化媒体会让自己显得很酷吗？我不这

么认为。我相信是因为人们想利用媒体让自己放松、享受并与其他人联系，而不是被打扰。在这里，提供几个目前可使用的营销广告工具和方法。先把自己当成是消费者，在你收到或经历以下事项时，你的感受如何？

- 直销邮件
- 杂志广告
- 电视广告
- 电台广告
- 外盒包装（例如：在谷类食品包装上写着"里面有免费的玩具"）
- 街上拿到的广告传单
- 高速公路旁的大型广告牌
- 你在电话待接时的自动留言信息，请你查看企业的网站
- 手机中的文字信息广告
- 在戏院里，电影片段介绍开始前的十分钟广告
- 你已经忘记你曾注册过的营销名单，他们所寄出的、不断重复的电子邮件
- 打到家中或企业的推销电话

广告或营销活动会出现在任何地方。从客厅的电视到公共厕所的墙壁、从高速公路到城市街道、从企业电话到个人手机，广告无处不在！如果从消费者的角度思考，有些广告是好玩、有趣，甚至是富有创意的，但你应该同意，大部分都是让人困扰和不受欢迎的。

那么，一个营销人员可以做什么？你又如何做到在寻找消费者的同时，避免加入营销广告永无止境地打扰别人的行列？

你只要用消费者的思考模式，而不是一位营销人员的思考模式即可。

你的顾客真正需要什么？

在你发出每个Facebook信息、在Twitter上写下每个回应，甚至是你在写每封电子邮件、每个电台或电视广告前，询问自己以下问题：

● 接收信息者是否觉得这真的有价值，还是会觉得不耐烦和困扰？
● 如果我是消费者，希望接收到这些信息吗？

如果你是消费者，而答案是：要，我想接收这些信息，这信息是有价值的。那么，这是值得传递给你的顾客和全世界的信息。相反，如果你看不到对消费者真正的价值所在，或相信这条信息会造成困扰，这就是不值得寄出的。为什么要浪费时间、金钱和精力在消费者原本就不想要或不需要的广告、营销和信息杂音（information noise）上呢？

当然，你可能会因为一些信息，引发一些网络上的人潮、电话、曝光度、销售业绩，但你同样可能冒着损害品牌的危险。当然，你可以从传统的业绩导向的营销策略中缔造业绩；但长远来说，只有跟顾客和潜在客户建立起正面和有用的沟通的企业，才会获得胜利。现时，最有效的方式就是运用社会化媒体提供的工具。

Facebook动态消息的背后

在Facebook上，当你以使用者的身份登录后，你就会进入显示你的"动态消息"的首页。"动态消息"是你在Facebook上社交联系的信息流，包括你Facebook上的朋友、你所参与的团体和你所喜欢的页面。虽然不是每位朋友的每则信息都会显示在上面（虽然你已经通过"最新动态"进入页面），但是，因为登录时"动态消息"被默认为首页，这就成为使用者最先看到的页面，而且是最主要的消息来源。

Facebook上"动态消息"的成功之处，是提供了基于以下三个个性化内容的因素：

1. 这一内容最近是否经常出现，或内容是多久之前发表的？
2. 你与分享这些内容的人或组织的关系；
3. 内容能拉动多少评论和"赞"？

对营销人员而言，最重要的是考虑第三点。因为这直接影响一家企业的信息是否会在用户的动态消息中出现。越多人对内容感兴趣，或越多人对内容相关的产品或服务存有良好的经验，就会赢得越多的"赞"，而它在"动态消息"栏中会更为突出。

图3.1是动态消息优化的公式，亦称为Edge Rank算法。这是Facebook的工程师桑洛威（Ruchi Sanghvi）和斯坦伯格（Ari Steinberg）在2010年的f8研发人员大会上提出的。

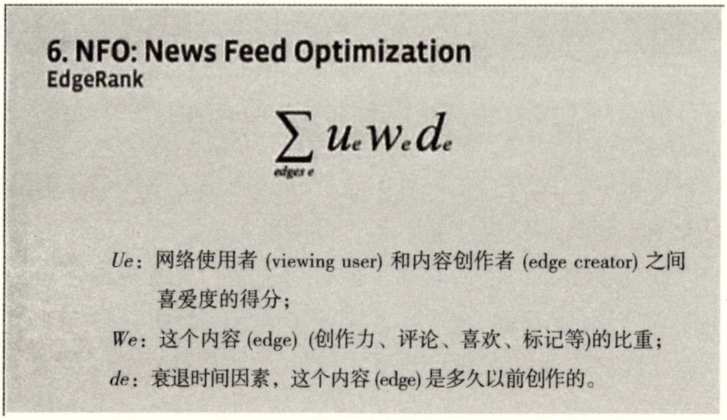

6. NFO: News Feed Optimization
EdgeRank

$$\sum_{edges\ e} u_e w_e d_e$$

u_e：网络使用者 (viewing user) 和内容创作者 (edge creator) 之间喜爱度的得分；

w_e：这个内容 (edge) (创作力、评论、喜欢、标记等)的比重；

d_e：衰退时间因素，这个内容 (edge) 是多久以前创作的。

图3.1　动态消息优化公式

在图3.2中，我们用一枚钻石戒指的图案和简单的文字去解释Facebook的Edge Rank算法，或者叫动态消息计算法。放在Facebook上的任何东西，不论是用户的状态或是更新信息、链接或影片，都被视为对象。我们用一枚钻石戒指来代表以上这些对象。

与Facebook结为好友，
使用动态消息优化：

这些内容是多久以前发表的？

这个使用者是否常跟你互动？

发表文章与参与程度有何相互作用？

图3.2　解释Facebook上的Edge Rank算法

你所更新的信息或者发表的文章，就是这枚戒指的中心，亦即戒指本身。无论任何时候，当一个使用者通过评论或"赞"去回应你，这个使用者就在定义这枚钻戒的边缘。互动越多，边缘就会变得越锐利（更好的切割面、更高的清澈度和颜色）。这些边缘越清晰，也代表这些内容更容易出现在相关用户的动态消息中。他们看到内容，然后跟你和你的戒指互动（他们会被它的光彩吸引，发出啧啧惊叹）。要成就这枚理想钻戒，所需的条件取决于动态消息优化的三个边缘：

1.　**这些内容是多久以前发表的？** 为了让边缘优化，你需要了解你的粉丝、朋友和潜在客户什么时候最可能登录并使用Facebook。例如，如果是年轻的顾客，你不应该在平日的早上和下午较早时段分享内容，因为他们那个时候还在学校；如果是朝九晚五的上班族，早上分享内容对你最为有利。因为在这群客户中，很多Facebook的使用者在到达企业后，会查看他们的网页；又或者，如大部分客户是老师时，你应在下午3点~5点分享你的更新信息，因为他们有可能还在工作，但却不是在教室上课。总而言之，较多数的使用者会在周末登录，加上只有少数的企业在周末要上班，所以，周末是分享内容的最佳时机。

2. **这个使用者是否常跟你互动？** 如果某个使用者通过Facebook的广告平台"赞"你的页面，但从未到过你的页面或没有朋友跟你的网页互动，这个使用者不大可能会去看你的更新内容；如果使用者常常浏览你的页面，并且"赞"你发表的文章，甚至查看你企业的照片，你在他的消息动态中出现的机会就会大大增加。记住这个模式。这就是为什在你发表文章的初期，得到"赞"极其重要。一旦得到关注后，你便能与消费者或者潜在客户建立一个可延续的对话。

3. **发表文章与参与程度有何相互作用？** 这个边缘是最简单和最值得注意的。根据Facebook的算法，一个对象的受欢迎程度和相关性程度，取决于有多少评论和多少"赞"。回应越多，越容易出现在用户的动态消息中，从而更有可能产生更多正面的回应。相反，如果内容并未快速更新，就无法出现在用户动态消息页面的最上方，事实上到最后更有可能看不到。

让Edge Rank算法为你效劳

Facebook的动态消息算法几乎可以说是一个改革。试想如果没有人想看的电视广告消失了，或者前几个收件人没有打开直销邮件，而邮件便自动停止寄出，这样你就永远都收不到这些无用的邮件了。想想看你会多么乐意，让没有正面回应的邮件不再直接寄到你的收件箱内。Facebook有效地发明了这套系统，帮助所有使用者过滤那些他们一点也不在乎甚至会负面回应的垃圾邮件。这种情况反过来迫使企业和个人在分享内容时更小心谨慎：对于使用者，这是一件好事，而对于营销人员和广告商则是一个强有力的工具，让大家了解消费者的真正所需。

下面让我们来看一个例子。

甲企业是一个国际运动鞋品牌，在广告花了上百万美元，目的是让Facebook上的粉丝数量增加到100万名。你的企业与甲企业产品相似，但规模和资源都比较少，目前只有5 000名粉丝，而当中半数都是甲企业的粉丝。

甲企业与粉丝分享了一个传统的广告信息："查看我们网站上新款的慢跑鞋，现在就来购买！"只有少数人会按"赞"或对于内容发表评论，因为它无法吸引顾客。最后，只会有数百人能看到更新信息，因为这则信息并不会出现在用户的"动态消息"中。

与此同时，你的企业分享了一个网站链接，并有以下更新信息："这个周末有人想去跑步吗？"这里，你试着用一个更个人化、更友善、要求不高的信息去吸引用户。你并不只是告诉他们"去买鞋"。

这则有趣的信息为你带来了评论和"赞"，这足以让你在数千名用户的"动态消息"页面的顶端停留一整天。这个广告相应地吸引了更多人点选和带来更高的销售业绩。更重要的是，这些评论会带来话题，并有助于你下次更加成功地分享更新信息。你打败了甲企业，因为它只是忙于营销，而你从消费者的角度去思考、吸引他们，最终建立了非常宝贵的客户名单。

明白消费者的喜好

你的消费者到底喜欢什么？这是一个重要的问题。考虑他们真正关心的。他们重视什么？什么内容能真正让他们按"赞"，并增加你在使用者中的能见度？谨记：你不能只是不断分享内容，并要求人们"赞"你的内容；这很容易让人感到不耐烦和困扰，如同很多你所熟悉和讨厌的传统营销策略一样。

至于答案，仔细观察你所熟悉的消费者。如果还不知道，立刻发问！

举例来说，你有一群以男性为主的顾客。你猜测这些消费者是狂热的运动迷，但却不确定什么运动项目或球队能让他们感兴趣。你可以直接在Facebook上发问："今年你最喜欢的运动项目是什么？在上一季，你支持谁？"如果你的粉丝一面倒地说美式足球超级杯，并提供他们最喜欢的球队的数据，那么，你就知道以后你要分享跟运动有关的内容，即使你的产品与美式足球完全无关。

假设你自己是顾客，有什么能让你按"赞"并发表评论呢？一张让人胃口大开的美食照片？一段有趣的影片？一些无关痛痒的事情？有一点可以确定，那就是对你发布的最新盈利报告、雇用新员工或新产品的消息稿，读者肯定不会正面回应。可能偶尔会有一个读者关心这些信息，并且答应你会在别的地方与人分享，但这个读者并不是一群典型的用户，或者你在Facebook上的目标人群。Facebook的人群不关心这些。Facebook、Twitter和所有的社交网络并不是一个传播媒体——我不得不强调这点。靠发布信息，是难以吸引他们的注意的。

顾客的心灵分享

过去，传统的营销人员无法拥有与顾客双向沟通的乐趣，但是，他们却拥有忠实的群众。因此，他们不断灌输给消费者一些讯息，直至大家购买为止。例如，假如你的年纪超过40岁，那你一定知道Jolly Green Giant的歌。你认识这首歌并不是因为它是一首好的歌曲，而是因为电视和电台不断播放，你无法不认识。

在拥挤的营销广告世界里，心灵分享的含义是：你的顾客对你的产品或服务有多少想法？现在，为了要获得顾客的心灵分享，你的营销策略已不能只单独谈论品牌、产品、特色和优势。更重要的是，你要让你的顾客参与到对话中，并发表他们的评论。这样那些评论才会出现在他们Facebook上"动态消息"的顶端。你从这些评论中所获得的心灵分享，远比顾客可以选择忽视的付费广告更有价值。记住，在这个过程中，传递的信息一定要与你的顾客相关。他们的希望和梦想是什么？他们想做什么、听什么、讲什么和发表什么？什么话题是真正与他们息息相关的？

对企业来说，这是一门非常艰深的课程，因为这牵涉到要它们抛开对营销、促销活动、宣传的大部分认识。他们会问："那么，我们的品牌呢？我们怎能把珍贵的营销预算和时间，花费在传递一些与我们企业品牌无关的信息上？"

结果才是最重要的，所以我们要提醒自己：如果你的信息都是有关你的品牌，而人们又不感兴趣，或者觉得不相关，那么，他们甚至会选择不看。所以，从好的方面来想，虽然信息与你的品牌没有任何关系，但只要它有被评论或"赞"，你的Facebook网页将会受到其他粉丝或其他人的关注，长此以往，你的品牌不只会出现在人们动态消息的顶端，更会烙印在他们的脑海里。让我们来看几个实例，这些企业都是站在顾客的立场，思考如何善用社会化媒体来吸引他们的。

"粉丝"群喜欢分享的内容

The Pampered Chef是美国一家最大的知名直销企业，公司总部坐落于芝加哥，拥有一支强大的独立顾问销售团队，主要通过家庭聚会和其他活动推销厨具和餐具。在很多直销竞争对手建立自己的网页并获得数千名粉丝后，The Pampered Chef才在Facebook上成立网页。它想让品牌快速在Facebook上有效地曝光，但是它并没有在Facebook上建立网络的广告预算。

The Pampered Chef的营销团队成员谨慎地思考和列举顾客们可能喜欢和不喜欢的东西，努力建立粉丝团，争取用户关注，规划每日发布的信息主题。这些内容与企业品牌或销售都看似无关，反而全是与顾客有关。例如，团队会分享食谱和食材，鼓励大家分享美食故事，向大家索取自己动手烹制的美食图片。Facebook的虚拟赠品程序还可以让粉丝们在生日或者其他庆祝的特别日期，将自己制作的美味蛋糕照片贴在朋友的页面上。所有这些内容与品牌或者销售任务毫无关系，但是，他们更关心消费者，他们的任务不只是关注品牌，而是尽量让内容变得有趣，以期望能通过与消费者之间的互动获得上百条评论和"赞"语（见图3.3），这样，The Pampered Chef 能在长时间内保持在粉丝"动态消息"的顶端，获得更多的关注、心灵分享、点击和销售业绩。

The Pampered Chef Hey pampered friends, we want to hear from you! In honor of our 30th anniversary, tell us what your favorite Pampered Chef recipe is! (Pssst...did you know you could win your own Pampered Chef business? Enter to win our Your Life. Your Way. Sweepstakes through the Join Us tab today!)

October 18 at 12:17pm · Like · Comment

Amy Slife and 370 others like this.

View all 303 comments

图3.3　Facebook上The Pampered Chef发表的文章

在活动发布的最初两个月，不需支付任何广告费，便有超过10万名使用者"赞"这个网页。除此之外，The Pampered Chef每天所分享的丰富内容，同时亦得到了更多的分享，每天对更新信息发表评论的也超过百人。这些分享让更多的人们回流到这个网页上。虽然企业没有透露初期通过参与Facebook所创造的营业额，但毋庸置疑，其销售业绩节节上升。

与顾客"闲话家常"

Omaha Steaks是美国居于领导地位的牛排和冷冻肉类出口商。这是一家已有90年历史的家族企业，一向以直接销售、营销和注重品牌为主。除了拥有80个销售网点外，它同时拥有目录、电话和网络订购服务。企业的销售对象包括自己食用和送礼的顾客。Omaha Steaks的传统形象似乎与社会化媒体的概念形成强烈对比。

因为社会化媒体的出现，Omaha Steaks管理层迅速领悟到，营销内容应着重顾客，而不是品牌。由于顾客的年龄和兴趣层面非常广泛，因此企业决定，在Facebook上选取具代表性的目标顾客，即年龄在40~65岁、喜好运动和/或娱乐活动的男性。针对这个群体，他们构思和分享的文章内容都以这个层次的顾客为目标，有些内容是有关牛排、食物和礼品；大部分内容适合一般普罗大众，包括高尔夫球、美式足球、怀旧电影、20世纪

60年代的音乐。他们甚至建立起一个名为"闲话家常"的特色话题组，在这里，他们会向顾客发问，或是提出相关的议题让大家讨论。

那么，高尔夫球和电影与Omaha Steaks有什么关系？没有。一点关系也没有。但是，Omaha Steaks的顾客却喜欢讨论这些话题。根据顾客的品味和"闲话家常"这个特色话题而发表的相关内容，可以带来更多的评论和"赞"，从而拉动更多的粉丝。越多的内容出现在人们Facebook"动态消息"的顶端，将带来越多的心灵分享。

时至今日，Omaha Steaks归功于Facebook网页。它提高了顾客每人每年的订购量，这是企业过去从未发生过的事情。

从消费者的角度去思考

每天，我们被无数的营销信息轰炸。你可以传递一些人们确实想收到的信息，而不是制造困扰。Facebook的动态消息迫使你从消费者的角度去思考和分享一些你认为有价值、消费者喜欢的内容。如果你不想石沉大海，至少在Facebook上，你要让人口口相赞。

实战招式

1. 写下典型顾客所喜欢的事情。避免关注他们喜欢你企业、组织或产品的任何理由，焦点要放在他们的兴趣上。如果你是消费者，看到什么内容你会去按"赞"？写下十个让人喜爱的理由。

2. 从企业过往使用过的营销数据中取得灵感，重新编排，让它适用于社交网络，使数据变得更有价值、更吸引客户。信息要简短、清新，而且是你作为消费者时所想收到的，而不是以营销者角度寄出的数据。

3. 展开一个如何创造有价值内容的计划。这些内容不仅适用于社交网络，更适用于所有营销企划和沟通。试着从消费者而不是一位营销者的立场去思考，你会在邮件推广、直销邮件、网站内容和广告上作出什么改变？在所有的沟通中，你能否创造出更佳的内容？

策略4

寻找头号粉丝

> 不要只让顾客去"赞"你，
> 让他们分享为什么要"赞"你。
> 记住：一切以他们为主，
> 而不是以你为主。

你替企业申请了一个Facebook网页和一个Twitter账号。你开设了一个YouTube频道、开了一个博客，你甚至在你的企业网页上增加了一个按钮，推销你的Facebook网页。你使尽全力，试图融入社会化媒体的对话里。

但到目前为止，成绩还是不怎么样：你的粉丝数量出奇地少，很多时候你只是在自说自话。你认为社会化媒体所能带来的营销收益，在你这里几乎都无法实现。你不知道哪里出了错，或者你需要怎样补救，才能让企业回到社交网络成功的轨道上。Facebook上的粉丝都到哪里去了？为什么不是每个人都会给你"赞"的认同呢？

这里没有什么深刻的理由。企业规模的大小和在Facebook、Twitter、YouTube、博客上有多少粉丝和追随者，并无必然的关联。投身社交网络的坏消息是，从此之后，你需要替这些粉丝、朋友和追随者工作；不过，也有好消息，那就是，你绝对不是特例，每个在社交网络中的人都必须这样做。可惜的是，并不是所有人都有这个意识。有些国际品牌每年花费在营销活动上的预算高达数百万美元，但在Facebook上的粉丝却不足500名，他们也没有Twitter，所以不论你现在是什么情况，只要你在一家拥抱市场、聆听市场的企业，你就有时间作出改善。

现在的网络生态跟五年前截然不同，那时人们只是在无止境地浏览网站。现在的网络用户，很多人已不再像那时候一样在网站上寻找信息了，如果还有，他们也只是浏览Facebook、Twitter等社交网络，去寻找相关和被推荐的内容。事实上，截至2010年11月，在所有网络上的页面浏览当中，四分之一都指向Facebook.com。对于一家企业而言，这表示这家企业生产的产品或者提供的服务是知名或全新的品牌，人们在认识你的产品或服务前，是不可能成为你Facebook上的第一位粉丝，或Twitter的第一位追随者的。

那么，谁将成为你在社会化媒体上的第一位品牌支持者？你最强大的资产就是顾客、职员、伙伴和厂商。但是，为了提升信誉，你需要引导他们通过社交网络去支持企业，并告诉他们这样做的理由。向现有的支持者解释社交网络的优点，告诉他们为何让企业跟着社会化媒体前进很重要。通过社交网络分享和描述支持者的行动，在营销和广告的效应上能帮助企业。因此要确保支持者们明白，在这个过程中，他们的参与是多么有价值。

"赞"比网站链接更重要

十年前，你替企业开办一个网站后，你不会期望在短时间内有数千人去浏览，对吗？反而，你会利用其他的营销方案和资源，尽可能散布这个网站的地址（URL）和链接，引导人们去浏览你的网站。这样做的结果是，人们可能会去浏览；如果他们对网站的内容感兴趣，同时也对你有足够的信任，他们甚至可能会停留一会儿，或者购买你的产品和服务。更有甚者，如果其他相关的企业认为你的网站内容对其有帮助，他们会主动要求把自己的网站链接到你的网站，并希望你有同样的做法。这个链接动作的目的，是希望能创造出更多的"链接价值"，使搜索引擎优化，并获得更多浏览网站的人潮。

而现在，获"赞"比这个"链接"更重要。让人们浏览你的网站，能帮助他们认识你的企业，甚至购买你的产品或服务；但是，让人们在Facebook上对你说"赞"，会带来两个极其重要的结果，而且从长远来看，这两个结果对成功是非常重要的。

首先，当人们使用"赞"这个功能时，代表他们认同你不断发布和更新的信息。他们让你在Facebook上能永远跟他们对话，除非你失去了他们的信任，或者你的信息不再得到他们的认同。第二，在Facebook上给你介绍用户的朋友，他们每个人在Facebook上平均有130位朋友。所以，他们每"赞"你一次，意味着你的品牌会得到130个曝光的机会，或者吸引更多的潜在客户。你能够想象，每一位浏览你的网站的使用者，事实上是与130位朋友在分享吗？（嗨！闺蜜们，我正在看的这个网站真的很正点！赶快去看看吧！）这个现象在其他社交网络上的追随者和订阅者身上也会出现，也许它的数量不会像Facebook这么多，但很多网络具有同样的Facebook浸透力。

简单来说，得到越多的"赞"，代表这个网页有越多人浏览。而随着时间的推移，浏览人数和查看内容的次数会越来越多。因此 在Facebook搜索优化中，"赞"Facebook有着深远的影响：一旦在你的网页上得到一个"赞"，在日后所有的搜寻中，这个人的所有朋友都会看到。比如，如果你是一位律师，曾经有一位客户在Facebook上"赞"你，那么在该客户的朋友在任何时间搜寻律师时，来自你的客户的推荐都可能影响这位朋友；如果你是一家儿童座椅生产企业的销售经理，一旦一位开心的妈妈顾客在Facebook上"赞"你的产品，她的那些妈妈朋友们很快便会看到她的推荐。瞧！这比任何广告都更具说服力。

如何获"赞"：有用的建议

在你阅读本书前，也许你已经了解Facebook在社会化媒体上获得"赞"这个功能的重要性。接下来，你的问题是，如何让人们在Facebook上"赞"你？简而言之，不论你的品牌现在多大牌，多有名气，你仍然需要提供一些有价值的建议给你的顾客、职员、厂商和伙伴，让他们成为你的粉丝，这对企业肯定是有好处的。换句话说，不要简单地让他们"赞"你，而是告诉他们可以得到什么。记住：用另一种方式让他们知道，主角是他们，而不是你。

思考以下两款以我的企业名称为例的行动口号：

现在就到Facebook"赞"我们：
Facebook.com/LikeableMedia
和
欢迎随时到这网站查询有关社会化媒体的问题：
Facebook.com/LikeableMedia

第一个是完全以品牌为中心的。除非你已经认识、喜爱和信任我们，否则为何在看到这个口号后，就决定"赞"我们的企业呢？第二个方式则是以顾客为中心的，看完后，顾客和品牌很有可能会擦出更多的火花。这些互动的来源，除了是已经喜爱和相信我们的人外，也有可能是第一次接触我们的顾客和潜在客户。你知道吗？除非你已经在Facebook上按下"赞"，否则，你不能随便在企业的留言板上问问题或发表评论。任何让Facebook变得更热闹的方式，实际上会换来不少的"赞"声，而且品牌不需要强求顾客。举例来说，奥利奥（Oreo）在外包装的选择上，向顾客发出询问："要泡沫还是不要？在Facebook.com/Oreo上告诉我们答案。"这样的做法，就是鼓励人们分享意见，而不是只叫他们"赞"奥利奥的网页内容。不过，这样做的实际结果是，有超过1 700万人，在Facebook上"赞"这家提供这项选择的企业。

价值主张可能因人而异。例如，以前你邀请员工去"赞"你的网页，目的是鼓励他们直接向总裁问问题，有些人可能会得到回应。现在，在社会化媒体圈里，你只是邀请顾客去下载折扣券。

因此，给大家一个价值诉求，让他们加入你的行列；同时，只要有机会，强化这个价值诉求，让这个价值诉求不断出现，甚至包围他们。这样，你才能把顾客变成你的粉丝，而事情才会开始变得有趣。

人们为什么什要在Facebook上喜欢你，或在Twitter上追随你？对他们来说，这里面到底蕴涵着什么价值？你又如何把这些价值总结成一句显浅易懂的行动口号？答案是，那取决于你的企业目标。以下是我所服务的一些客户的真实行动口号，它们会让你思考为什么人们要"赞"你：

- 在Facebook.com/VerizonFiOS上与我们分享你的意见
- 在Facebook.com/1800Flowers上发表评论并赢取奖品
- Facebook.com/NYCquits提供免费支持，让你成功戒烟
- 在Facebook.com/striderite上联系其他像你一样的妈妈
- 在Facebook.com/UnoChicagoGrill上发表评论
- 上Facebook.com/NYCcondom索取东西

这并不是只关于你，这是关于你的顾客。网络世界如此广大，如果没有给出人们一个理由，他们并不会浏览你的网站；Facebook的世界也是如此广大，如果没有一个有价值的原因，没有人会想到"赞"你。由此可以看出，建立价值诉求是不可或缺的，而且，要将这个价值诉求融入与顾客或潜在客户的沟通里。参见表4.1。

表4.1　消费者"赞"Facebook粉丝页面的十大理由
1. 获得折扣和推销的信息
2. 让朋友知道对某品牌的支持
3. 获得免费赠品（如免费样品、优惠券）
4. 企业活动的通知
5. 未来计划的更新信息
6. 大减价的更新信息
7. 好玩
8. 能得到独家内容
9. 更进一步认识企业
10. 与企业议题有关的培训
资料来源：CoTweet & ExactTarget的报告。

对每个人而言，得到"赞"的认同是很重要的，但对于小型企业或新企业更为重要，因为它们可以利用这个免费的社会化媒体和口口相传的营销手法，让他们的新体系成长。不用害怕去邀请企业里有影响力的人"赞"你。不过，不论客户是谁，在建立价值诉求前，千万别这样做——在尚未给出他们合理的理由前，你不会得到任何人的"赞"声。相反，如

果没有邀请和提醒他们"赞"你，你亦不会得到任何人的"赞"。给予他们强有力的价值主张，并通过邀请给予他们机会，你的厂商、伙伴、员工和朋友们一定会参与。

引导顾客"赞"你，从哪里入手？

你要尽量在多个不同的地方提供有用的建议，创造机会让你的潜在追随者和粉丝"赞"你。以下是一些你可以考虑放置口号的地方：

1. 自己的网站上
2. 每一封以企业名义寄出的电子邮件里
3. 每位员工的邮件签名文件里
4. 每一张递出的名片
5. 每一本你印刷的小册子里
6. 每一张你发出的收据里
7. 每一封邮寄的信件中
8. 每一通打进企业的电话
9. 每一通从企业打出的电话
10. 包装上（如奥利奥的例子）
11. 固定地点的招牌

如果你能够把顾客直接联系到你的社会化媒体网络里，那些看似有些过时的方法，如邮件和小册子，同样能为你和你的顾客重新带来生命力和意义。

什么能让人"赞"你？

大部分人都不会随身携带计算机，但是，几乎每个人都会随身携带手机。Facebook有一个鲜为人知的"让人赞的内容"功能。它非常有影响力，可以让任何人不需要在计算机前，也能赞赏你的网页。只要简单输入"赞赏'网页名称'"，然后从任何连接到你Facebook账号的手机中，发送到FBOOK（32665），你就可以发出对这个网页的"赞"语（适用于美国地区）。不相信吗？现在可以马上测试。拿起你的手机，输入"赞赏Likeable Media"（我绝对不会介意）并发送到32665。这样你便可以询问我们任何有关社会化媒体或这本书的问题，并且会很快得到回应。（谢谢你发出的那个"赞"！）

这个功能可以大量应用于任何拥有店铺的企业，任何从店里出售的产品，任何零售商、餐厅或政府服务上。想象一下，你正在一家快餐店或百货公司排队付账，收银台旁有一个告示："输入'赞赏我们的店'并在Facebook上联系我们，下次购物时，你将获得八折优惠。"作为消费者，面对这样的条件，你很难抗拒。这就是你作为一个营销人员在社会化媒体时代所必须拥有的直觉：把营销资料和产品广告，融入顾客的体验里。

从长远来看，这种做法所带来的收益是很可观的。当然，如果只专注于让客户"赞"你，而不是直接购买，你可能无法快速且大量地销售产品给顾客。但是，借由Facebook社交版图所带来的力量，只要有一位顾客"赞"你，你便平均创造了130位新的潜在客户。如果那位顾客在几个星期后回来，又带来一两位朋友，这是否意味着更多的销售机会，是否比只有单一的销售更值得呢？从长远来说，这为营销人员带来更多机会去争取更多的"赞"，而不是只集中在直接销售上。

网络销售新循环的诞生

在全球经济陷入不确定性和衰退的背景下，人们对互联网却日益关注，加上技术上所实现的对网站点击率的有效测量，各行业的营销人员开始逐渐沉迷于通过网站和电子邮件推广去提升销售业绩。不过，这一切的基础是，你的产品和服务能得到人们的信任和喜欢。如果你能退一步去思考"赞"与直接销售的价值，长远而言你会获得更好的回报。

电子商务：实时销售还是实时称"赞"？

一个典型的电子商务网站可以提供成千上万种产品，但大部分都是被人们买来送礼用的。网站上的每一段文字、每一个图案，都被小心翼翼地充分开发，目的是吸引顾客能多多点击购物车，尝试使直接销售实现最大化。在社交网站出现前，这个策略是合理的。但是，如果我们充分利用相同的电子商务网站，让人们去分享他们对喜欢的产品和项目的"赞"，效果又将如何？每一位来访者的兴趣都能被这个功能永远记录。于是，当这位来访者的朋友浏览这个网页，看到他朋友表示"赞"的产品时，他可能会购买该产品，以便作为生日礼物，或者以其他任何理由送给他。这对企业来说，也许没有马上带来直接销售，但是，你却让企业未来的"转换率"（网页来访者购买产品或作进一步行动的百分比）大大提升。

"赞"是另类口碑

所有的医生、牙医、律师、会计师，或者其他一家专业服务机构设立的网站，都是为了能说服你马上行动——打电话给他们。但如果他们只想获得更多的"赞"呢？如果每位专业人士都花点时间对现有的客户说："如果你对我们的服务感到满意，并想让其他人知道你的特别经验，请上Facebook按'赞'"或"请到我们的Facebook网页上查询"，这种方式使得他们马上开始创造出一个有价值的网络，除了可以增加曝光外，也能网罗到一群高度信赖他们的顾客。一年前，如果要找律师或会计师，你可能会到Google搜寻，然后找到那些通过付费给搜索引擎而让自己的名字出现在搜寻结果中的企业。现在，如果要找一位律师或会计师，你可以从Facebook上你信任的朋友或同事圈子中开始，寻找他们认同的企业。于是，问题变成了：你是宁愿在网络上随便找一位律师或医生，还是相信朋友的推荐？

牙医也可令人"赞"

扎克伯格（Edward Zuckerberg）是一位牙外科博士，他在纽约多布斯渡口开了一家牙医诊所。他刚巧亦是Facebook创办人兼总裁马克·扎克伯格的父亲。

任何人的生意都可以因善用社会化媒体而获益，扎克伯格医生就是一个活生生的好例子。他的病人都称他为："无痛Z医生"。牙医通常都是依靠口碑和推荐增加生意的。但是，现今的社会化媒体却能够让这件事被动而有效地发生。

面对现实吧！大部分人都不喜欢去看牙医（Z医生，很抱歉）。如果你像我一样，认为比起最不享受的事情，看牙医是可以容忍却是无法避免的魔鬼。当然，聪明的牙医会在诊所的装修上下一番工夫，尽量打消病人的紧张心情，如友善的柜台人员、亮丽的墙面、有趣的杂志和其他读物、提供给小孩的玩具等。除了这些让亲身经历变得更好的东西外，扎克伯格医生更为他的诊所在Facebook上使出让大家都喜欢的必杀技。

当你走进诊所时，你会看到一个告示牌："喜欢我们吗？那么，请在Facebook.com/PainlessDrZ的页面上'赞'我们，或者传文字信息'like Painless DrZ'到32665，参与我们的对话"。仅是这个举动，就比世界上99%的牙医诊所想尽办法赢得口碑更为有效。坐在诊所里等候的都是受牙疼困扰的客户，这是把他们转换成网上粉丝的理想机会。

不过，扎克伯格医生的诊所所做的可不仅仅是这些：诊所的电子邮件预约提醒服务中特别设计了一个环节，让预约者在Facebook上先询问问题；诊所随后会主动打电话给新病人，邀请他们到Facebook网页上查看他们的资历，让病人在看病前更了解自己的病状。这一做法让初次应诊的病人感到更舒服，更多的"赞"声也自然而来。

到目前为止，超过1 000名病人在Facebook上"赞"扎克伯格医生，这带来了超过20位新病人。甚至有一位我不是很熟悉的Facebook朋友问我："看到你喜欢扎克伯格医生，他真的是一位好牙医吗？"我的回答："是的，他是。"于是，第二周，她马上成为了"无痛Z医生"的病人。

顾客变粉丝的风险

把注意力集中在将现有顾客转换成粉丝是有风险的。富有经验的网络营销人员会争辩，对于从消费者或潜在客户身上取得"赞"的投资回报不能保证。他们还会宣称，集中火力在Facebook上获"赞"，占用了不少时间和精力，等同于减低你直接销售的业绩。他们认为，只要每次有人按"赞"，就代表少了一次按"立刻购买"的机会。这可能是真的。但是，当你转变部分策略去取得"赞"而不是"购买"时，你马上会发现顾客在网络上展开的对话。当你想提高社交曝光率时，你需要花时间和精力去吸引一些容易取得的目标群体的支持，那就是现有的顾客和认识你的人。从这里开始，你将获得更多的粉丝和追随者。而到最后，他们很有可能会购买你的产品。不过，你必须从现有的顾客入手。

免费前菜带来十万名粉丝

Uno Chicago Grill是美国一家大型的连锁家庭式餐厅，主要市场在东北和中西地区。它最著名的是厚坯意式比萨。Uno每周为数千人提供品种繁多的午餐和晚餐菜式。Uno在Facebook上开设页面有超过一年时间，而截至2010年9月，只有三万名粉丝在Facebook上"赞"它。这已经是一个非常漂亮的数字了，但与它所服务的人数和它的竞争对手如Chili和Applebee所拥有的粉丝数量相比，Uno当然想要大大增加这个数目。

它在网页上推出了一个"赞Uno"的行动口号，这句宣传口号也出现在每周寄给大量订阅者的邮件下方。但是，Uno相信一封阐明企业价值诉求、措辞恳切、表达清晰、专程为顾客撰写的电邮，比起只要求现有的粉丝"赞"它的活动，更能带来实际的行动。他们决定，只要粉丝的人数能够突破十万名，将免费提供一份前菜给所有来餐厅用餐的粉丝。

它选择每周寄出一封邮件，而不是传统的优惠券，来邀请顾客到指定的地点用餐，或者团体订购和预先订位。它在邮件中提醒收件人："只需在Facebook上'赞'我们，即有机会赢取一份免费的前菜。当我们的粉丝突破十万名，每人将获得一份免费的前菜。记得与朋友分享这个信息。"

在信息寄出的24小时内，Uno Chicago Grill 获得了超过一万名新粉丝；而在三个月内，它已达到十万名粉丝的目标。那封邮件虽然没有像以前的促销广告一样，马上带来可观的销售业绩，但也没有让它等太久。上千名粉丝享受Uno所提供的免费前菜，而大部分也会留下来吃晚餐和甜品，它所创造的销售业绩，已让那封邮件的效果完美实现。Uno凭借一封Uno邮件大获全胜。

运用社交力量

一旦你的现有顾客"赞"你，你便可以开始运用内容、广告、促销、社交版图的力量去积攒你的人气了。但在此之前，一切只不过是聆听和随便说说罢了。不要只告诉顾客去"赞"你，而要明白他们为什么要"赞"你。一切以他们为主，而不是以你为主，这样你才能真正获得

"赞"和追随，并让你的社会化媒体网络和业务成长。

实战招式

1. 与你的团队一同创造你的价值主张，不是为了销售业绩，而是为了一个"赞"。顾客为什么要在Facebook上"赞"你？你能带给他们什么？你如何把这价值诉求提炼成一句简单易记的行动口号？你能提供给员工、厂商、伙伴什么价值主张？

2. 想尽办法把这个口号融入你目前的营销企划和沟通里。写下所有相关的事情。然后决定哪些可以马上行动，哪些需留待日后。尽量让这些行动和你的"赞"计划相关。

3. 构思一个15秒的电梯简报（elevator pitch），告诉你的顾客或任何你遇到的人，为什么他们要在Facebook上"赞"你、在Twitter上追随你。要确定，在你作为消费者时，这个理由能让你产生共鸣。

策略5

真诚对话　赢取人心

> **与"粉丝"在没有硬销产品的环境下对话，将决定你的社交网络的辐射范围有多大。**

你还记得在大学时代，在大教室里上公共课时教授滔滔不绝地讲两个小时的课程吗？你应该也参与过一些人数较少的吧，而且通常是研习和讨论的性质课程。你认为哪种类型的课程比较有价值？哪种能让你更愿意深入讨论、更多地与朋友分享，并最终学习到更多知识？

不论在大教室里的教授有多厉害，还是会有人在课堂上睡觉；而不论小组讨论的老师有多让人提不起劲（通常都是毕业生或助教），但你还是忍不住会学习，因为你会主动地去思考、沟通并讨论手上的题目。事实上，你从同班同学和与他人的对话中学习得到的，跟你从那些"拥有知识"的教授或讲师身上得到的一样多。

能够脱颖而出的企业和组织团体，是那些懂得运用社会化媒体让顾客真正参与、鼓励大家讨论，而不是只知道重复地对顾客喋喋不休的企业和团体。这跟大学一样，越能让学生参与的课程，对学生越有价值。能够鼓励企业与消费者，甚至消费者与消费者之间对话的企业，才能在这个紧密联系的世界里获益良多。

让消费者参与对话

真正能让顾客公开参与的21世纪模式，跟过去的营销、沟通模式有些许差别。

假设你为人父母，试想当你的小孩还是婴儿时，以及在他们长大后的对话方式。当你跟婴儿对话时，他们无法回应，只会给你一些非语言的提示，来表达他们的感觉。他们不需要明白你说的话，但作为伟大的父母，你会使用身体语言来和小宝贝交流，并得到他们的一些反应。你会扮鬼脸，发出响亮的声音，唱歌给他们听，直到你得到一个大笑、微笑或者其他你想得到的结果为止。这种情况与过去的电视广告一样（甚至现在亦如此）。广告的目的是引起观众注意，然后产生一些反应。为了得到这个反应，广告通常都会使用让人觉得幽默、震惊、惊讶的表现方式，或者插播音乐和歌曲。

等小孩长大可以说话时，父母与小孩的互动方式会随之改变，这点很多父母都知道。好消息是，小孩会回应你；但这同时也是坏消息。现在，你用言语表达的任何事情，都会马上得到一个口头的回应。你清楚知道你的小孩有多明白你说的话，以及他们是否愿意听从。当然，有时候父母并不喜欢小孩说的话，或者他们所表达的方式，但作为父母，你必须回应。因为你有能力去了解小孩想对你表达的事情。因此，你的责任变得更重大，而且亦有义务去说明日后沟通的方式。现在，你不仅学习他们的对话，同时也让他们参与。这辈子你都活在这个对话中——这是为人父母的其中一项工作。

仔细思考一下，因为社会化媒体的出现而变得迅速落伍的营销广告方式，跟父母的职责有何关连？最昂贵和响亮的广告方式，如电视广告，已不再主宰着这个对话，事实上，它已无法再拥有这个对话。这个对话存在于社交网络上。通过让客户直接参与，最聪明和最有弹性的聆听者将赢得这些客户，因为他们创造并让对话延续和深入，但却没有尝试去控制和支配它。换句话说，那些让消费者参与的企业，会让他们永远成为对话的一部分，而这是作为营销人员的其中一项工作。那些对顾客喋喋不休的企业，无法得到追随者。

在乎顾客所说及所想

那么，到底"参与"的真正意义是什么？

参与所指的是，对顾客说的话要真诚地表现出你感兴趣。你需要甚至渴求各种回应，因为你知道这能为你带来重要的信息。你企业的每个员工除了维持组织的核心价值和执行任务外，亦必须全心全意地关注手头上的项目和顾客。任何人都可以发出电子邮件、Facebook或Twitter的信息，但是，真正与人联系是需要承诺和关注的。

你不能因为这是现在"应该做的事"，或因为这是你从书上看到的，或你认为这可以增加业绩，而马上毅然投身社交网站之中。你必须真正相信社交网络的功能，并真正置身其中，才能与顾客建立起更深入、更巩固的关系。你要对你的顾客或潜在客户感兴趣，并视与他们建立深厚的情谊为你的目标。

当两人彼此承诺结婚时，他们可以说是"投身"对方。同样，当一间企业选择要"投身"它的顾客时，这代表企业的承诺：要真正在乎顾客所说、所想及其感受。对很多企业和组织而言，这对于它们如何看待和重视顾客来说，是一个很基本的改变，你需要直接了解顾客的想法、他们的感受，以及他们希望从你身上得到什么。而这些是一个简单的客户服务部门所无法提供的。

真诚地与顾客建立联系

大部分企业，至少在它们刚成立时，都有着美好的计划。很多时候，企业家原来的动机是要创造一个答案去解决问题。企业在刚开始时，初衷可能并不是把客户当作带来销售的预算，或者是让销售指标得以完成的数据。但是，当组织逐渐壮大时，它们失去了管理客户的热情，它们很容易忘记了当初想要随时为顾客服务、完全代表顾客的想法，有些企业甚至会偏离其基本和核心的价值观。

现在你的企业是什么样子呢？你们是真正在乎顾客和重视意见的企业吗？你们的营销部门是像在大学的大教室里上公共课的老教授，还是年轻有趣的助教，带领大家共同发掘和学习？要诚实和准确地判断自己和自己的企业是一件难事。但迫切的是，如果你想在这个社会化媒体时代生存下去，与顾客建立直接的联系，是唯一的成功之道。

如果你的企业尤如那位陈腔滥调的老教授，那么，好消息是，你绝不孤单。但坏消息是，为了让企业回到为顾客提供所需的企业核心价值观上，你需要花上很多工夫，并得到高阶管理层的承诺。当然，你可以简单地遵从一些规则，好让自己看起来有份参与，但在此之前，你要冒着被顾客认为你的兴趣是伪装的风险。请记住：如果要通过社交网站去建立一段长久的关系，诚实是必需的。

社交的信任感和忠诚度

当你承诺要聆听、参与和你的顾客、潜在客户沟通时，你与他们之间自然会产生一种信任感和忠诚度。试想大学的比喻：在公共课的大教室里，在所有同学面前，若你的意见与教授不一致，你会觉得自在吗？在一位发表不同意见的人后面发表意见，你的感受又如何？你可能完全不想发表，其他人亦然。日复一日，到最后只剩下教授的"一言堂"，而学生们只会聆听和做笔记。这种模式对于一段重要的关系或学习经验绝对没有帮助。

但是，如果是小组讨论，而且讲师在第一天就事先声明，所有的意见和评论都会受到尊重，欢迎甚至鼓励所有的对话和不同意见，老师亦表达希望大家与他一样，对任何人的话题都抱有兴趣。这样的交流建立在信任和忠诚之上。这位老师，不论他是一位助教、毕业生或全职教授，寻求的是和同学们的真诚交流，而不是课堂上一群沉默的听众。学生会感到舒服自在，而且敢于发表意见。他们甚至可能会在下课后，或者讲师不在场的时候，延续他们的对话。

第二个班级所建立的社交价值，远远超越那位只是单方面灌输知识的教授。如果你能运用这种方式，你同样能建立并参与到这个真正的社交网络中来，而它为一个品牌所带来的价值将超乎你想象。参与你的顾客和潜在客户的对话，让他们加入品牌社交圈，能让你与顾客产生一种信任感和忠诚度。一个真正的、让人参与的品牌社交圈，在任何网络空间，无论是博客、Twitter还是Facebook上都可以生存。但是，大部分的品牌社交圈，通常由企业成立，都是在目前主流的社会化媒体网站如Facebook上的。只要经营得当，经常获"赞"或者吸引越来越多的顾客参与对话后，这个网络便可以呈现出自己的生命力。因此，是否懂得与粉丝在没有硬销产品的语境下对话，将决定你的社交网络的辐射范围有多大，以及了解顾客对你的信任程度和评价。

让粉丝引领新客户

建立一个让人真正参与的社交网络，所得到的好处之一，就是顾客会互相帮忙。如果你在Facebook或Twitter上创造一个让人们提问、分享意见并与你和其他人互动的地方，这便会产生信任感和忠诚度，亦能帮助社交网络成长。对于这一点，顾客或潜在客户都会注意到，在你尽快和正确地回答他们的问题时，他们更会感激你。

如果你提供一个地方让消费者相互联系、发牢骚、分享意见、学习和成长，人们会意识到你对他们，还有你所发起的这个社交网络所作出的承诺，他们会回报你同样的承诺。现在，有一位不熟悉你企业的人来到这个社交网络，而他是一个非常有潜力的客户并提了一个问题。在你有空回答前，其他成员可能已经代你回答了。有时候，可能有个非常不满意的顾客在Facebook网页上抱怨，这种时候甚至不需要你开口，社交网络里的成员便会全体在背后支持你。对于最终的结果，这些事情到底有多珍贵？一个让人真正参与的社交网络，是让企业牵涉利害关系的人数远超越你的员工和股东人数。这些牵涉利害关系的人会通过网络上的社交网络（甚至其他方法）表示他们对你的支持，企业的知名度和曝光率也会随之提升。不论在网络或非网络上，你的社交网络将会日益壮大，这便是回报。

一段短片　可让股价大跌10%

不论一家承诺参与的企业的愿景是什么，讨论比实际执行都容易得多。除非你是一家规模小的企业或组织的领袖，否则参与的承诺是无法马上兑现的。对于与更多顾客互动和建立社交网络的目标，高级管理层需要全情投入。

无法完全参与顾客，对你的组织是否极具有破坏性呢？答案是不会，至少短时间内不会。但是，对于日渐透明的以社交为主的世界，先不说你要确实地参与和关心你的顾客，也不管你的企业规模有多大，我只想提醒你，一个糟糕的顾客经验足以完全破坏你的名誉，甚至企业的生存，这是你必须承担的风险。如果高级管理层对建立一个让人真正参与的社交网络无甚兴趣，让他们听听这首歌："United Break Guitars"。

2009年7月，民歌歌手戴夫·卡洛（Dave Carroll）的吉他被联合航空公司弄坏了，他要求航空公司赔偿。联合航空不但拒绝赔偿，更拒绝向他道歉。因此，他录制了一段"United Breaks Guitars"的影片放在YouTube，指责航空公司不负责任。这好比致命一击。仅仅一天之内，这段影片的点击率超过了十万次。看到这个情形，联合航空的发言人致电卡洛，称愿意对此作出赔偿。但是，卡洛拒绝接受，建议航空公司以他的名义将这笔赔偿捐赠结慈善机构。不过，联合航空仍没有在YouTube、Facebook或Twitter上作出公开回应。四天内，这段影片已被100万人浏览，甚至上了美国国内某媒体的新闻版面。此时，联合航空的股价跌了10%，四天之内股东损失约1.8亿美元。一年半后，已有超过900万人在YouTube上点阅这段影片，而联合航空从未通过任何社会化媒体正式回应这一事件，导致其品牌声誉仍在持续受损。

如果联合航空通过社会化媒体建立起一个让人真正参与的社交网络，你认为这个破坏性的后果还会出现吗？如果有大量顾客在网络上是联合航空的粉丝，在一个网络事件发生时，他们难道不会挺身而出，为联合航空说些好话吗？

还有很多数之不尽的例子。在网络上寻找"Motrin Moms"和"Comcast Technician Sleeping"这两大事件，你就会对这样的事件体会更多。所以，一定要尽量主动对顾客作出承诺，否则你就有可能被迫参与，进而将自己置身于尴尬甚至危险的局面中。

动员大众　参与行动

"投身顾客"对于企业固然重要，对于非营利组织和政府机关同样是关键。社会化媒体也是替这些组织量身订做的。为了完成任务，非营利组织的成功，或者政府机关在发起任何方案时，全依赖一个庞大团体的参与。过去，非营利组织和政府机关需要在网络之外发起行动，它们无法享受一个固定的社交网络所带来的随时互相支持和协助完成任务的好处。现在，一个强大的非营利组织或政府机关，能够通过Facebook或Twitter建立起一个让人真正参与的社交网络，去实现募款或者发动一项社会责任的作用。你的企业要如何复制这些影响呢？你的企业又要如何在网络上发起行动呢？

戒烟活动　衍生互助社交

纽约市卫生署（NYCDOH）是美国的政府部门，替世界上的超级城市之一纽约市的人民服务。NYCDOH执行很多由政府资助的、有关健康的活动。其中，最大型的是戒烟计划。该计划的内容是政府通过它们向希望戒烟的吸烟市民提供免费的尼古丁贴片。为了得到免费的贴片，纽约市民需要拨打311（在纽约市和其他城市适用的一个非紧急事故电话号码），在回答了一连串问题、确定他们符合资格后，NYCDOH便会把贴片寄送到他们的家里。这个部门也和我的公司Likeable合作，在合作的前几年，为了宣传免费贴片计划，这个部门运用一系列的媒体方式，如电视广告、电台节目、地下铁海报，也包括网络的广告版面等，试图让更多人知道这个计划。

NYCDOH使用Facebook的原意，是希望提醒更多纽约市民拨打311，以索取免费戒烟贴片。为此，NYCDOH在Facebook上成立了一个专属网页Facebook.com/NYCquits，创造和分享每天更新的信息，聆听并回应所有纽约市民的问题或文章，建立起一个让人真正参与的社交网络。借由一年的广告活动，打电话的市民人数确实增加了；同时，NYCDOH花费在传统媒体上的费用也比往年少了。

不过，更令NYCDOH感到惊喜的是，有一件意想不到的事情发生了：网络上诞生了一个戒烟和互助支持的小组，组员中包括数以千计的纽约市民，他们成功戒烟，并开始在网页上互动和交流，这些交流开始是每周更新，后来发展到每天都有。人们因为相互的鼓励和好奇而聚在一起，分享自己戒烟的秘诀，并对需要帮助的人伸出援手。完全在意料之外，NYCDOH替原本都是陌生人的纽约市民建立了一个让人真正参与的社交网络；在这个网络中，这些人感到被尊重、真心聆听和关注，这足以支持他们在戒烟的难题上互相支持。

NYCDOH的功能简化了不少，它不需要过多的监管和引导，只在有需要时回应社交网络上成员的一些问题，阻止无关的信息进入，或者在网络群组需要更具体的指导时，提供"正式的"建议和支持。但是大体上，这些工作都由社交网络的成员分担了，他们互相支持、传递信息、协助部门完成任务。可喜的是，这个社交网络持续地成长和繁荣起来，而且，只需要卫生署提供极少的指导。

童鞋品牌　发酵妈妈讨论区

如果社交网络的形成是因为一个原因、与非营利团体的一项任务有关，或者是政府组织的一次活动，这便是很简单的一件事。但是，千万不能低估任何一个因为福利、共同点、分享兴趣而聚在一起的社交网络的潜力。这其中一个很强大的团体就是妈妈，她们普遍喜欢与大家分享。

Stride Rite是一个具有领导地位的鞋子品牌，它制造婴儿和儿童的鞋子，通过网络和零售点在全美零售。但2009年，它决定在Facebook上建立一个让人真正参与的社交网络。

Stride Rite明白它已经具有了一个很牢固的品牌形象，有很多人喜欢和认识它，顾客与品牌之间的关系非常好。但是，为了建立一个让人真正参与的社交网络，Stride Rite需要在企业和妈妈之间、也包括孩子与妈妈之间，加深彼此的关系。它调整了最初的一切从企业角度出发的策略，让社交网络上的话题更关注穿鞋子的小朋友和他们的母亲，而不是只关注它的鞋子。

截止到2009年年底，这个在网络上的对话持续发酵，而且辐射的速度惊人。超过七万名粉丝加入Facebook.com/striderite这个社交网络中，其中绝大部分都是年轻的妈妈。你任何时候浏览这个网页，都会看到顾客在讨论品牌，或者随意地聊天，妈妈们聊天的话题除了鞋子，就是自己的宝宝。妈妈们更提供小孩的照片和他们踏出第一步的影片。Stride Rite会及时给出饶有意思的评论，并对妈妈们提出的各种问题作出回应。而对于一些有关婴儿和小孩的奇怪问题，妈妈们相互之间也会帮忙解答。这些问题虽然和鞋子的款式、尺寸都没有关系，但企业欢迎大家参与讨论的态度，使得妈妈们有种获得授权和可以参与其中的参与感，她们很骄傲能够成为Stride Rite社交网络的一分子；相应地，企业亦提供购买Stride Rite鞋子的机会。自从这个计划开始后，网络销售的业绩每个星期都在稳定增长。

不只顾及业绩，而是更全情地投入社交网络，Stride Ride获得了一个更好、更长远的销售业绩，因为它拥有社交网络上几十万名品牌拥护者的支持。

坐言起行，立即参与真情对话

不论你的企业或组织是否已与顾客建立了深入关系，还是有着漫漫长路，请记住，要想进一步参与，需要从一个人和一个行动开始。你虽不能逆转整个企业，但不代表你不能采取积极的方式，通过运用社会化媒体，让你的品牌和顾客之间、顾客与顾客之间产生真正的对话。所以，不要再拖延了，赶快"投身"与顾客的真心互动中吧！

🔑实战招式

1. 决定好要投入什么资源到社会化媒体计划里，以保证你的企业和组织能真正地参与到消费者之中。根据企业规模的大小，可能需要较长的时间去组成一个网络上的社交群组，对这个时间度的把握很重要，它掌握在现有员工、新进员工或代理的手里。决定企业里谁能作出真正参与的承诺，把这些人聚集在一起并开始讨论。

2. 如果你还没有社会化媒体的营销经理，请聘请一位。他的主要任务是建立和发展一个让人真正参与的社交网络。

3. 写下五种你认为比现在更投入的沟通方式。你要如何成为那个有活力的小组领袖，而不是那个让人昏昏欲睡的大学老教授呢？

回应劣评　将危化机

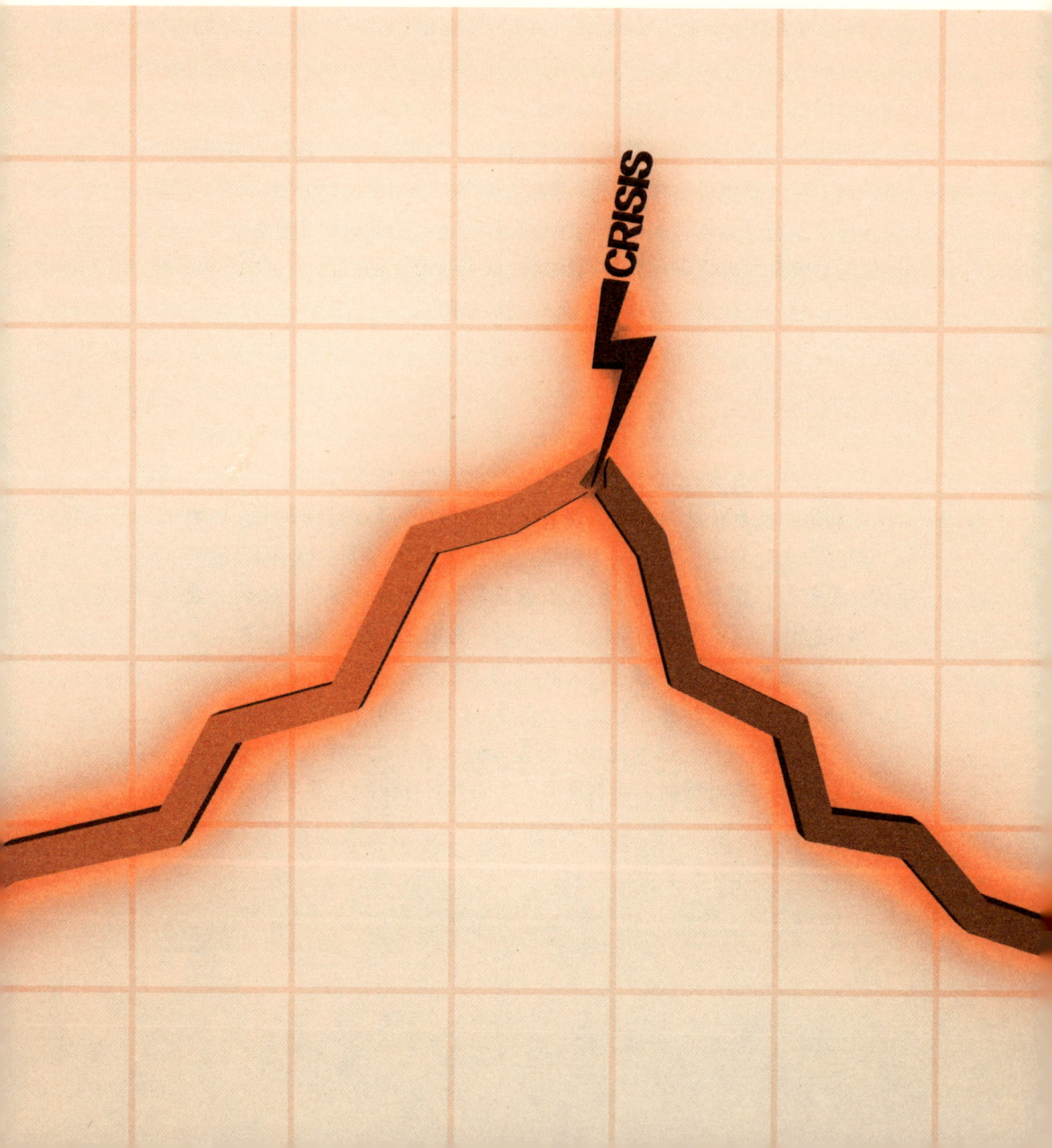

> **能迅速和真诚回应、道歉和找出解决方法，就能避免声誉受损。**

你与小组的成员和顾问企业，已经努力了好几个月去实践社会化媒体，并计划如何把社会化媒体融入你的企业中。你建立了Facebook网页、申请了Twitter账号，还开设了博客和微博。对开展网络上的对话和培养一个发展迅速的社交圈，你感到兴奋。同事们，还有与你逐步建立关系并参与其中的顾客们都支持你。就在正式发表的前一晚，你接到紧张而忙乱的总裁电话：

"告诉我，如果人们在Facebook上写出对我们不利的评语，我们该如何处理？可以把它们删除吗？如果不能删除，我们仍未准备好开设Facebook网页。"

答案很简单：如果你还没有准备好回应负面评论，那么，你还没有准备好开设Facebook网页。如果你的企业还没有准备好接受所有好的、坏的、丑陋的评论，那么，你不宜以社会化媒体去推广营销。但是，如果你已预备好去处理批评并作出适当回应，建立社交网络将是一项重大资产，人们会在那里发表正面和负面的评论。

正视负面评论

是否记得，每个企业都曾有让你投入意见的意见箱？很多小型企业和餐厅，现在都还在使用。不论你的企业是否有正式的意见表，现在它们都以Facebook、Twitter、博客或网络上的其他社交方式存在着。对消费者而言，好消息是，现今的消费者是史上最富权力的群体，只要你跟任何企业或专业人士有过不愉快的交往经验，就可以立刻在智能手机上填写一份"意见表"，这不只能够与数以百计的朋友分享，更能与世界各地的陌生人分享。

当然，如果你从企业的立场考虑这个情况，会发现这是一件恐怖的事情。如同上述提及的那位总裁一样，各地的营销人员和公关经理自然也被吓坏了。多年来，都是沟通的专业人士在控制大众对他们企业的看法；但是，现在一个拥有Twitter或微博账号的小孩，亦可以摧毁这一切。这表示，作为一个营销人员，面对无法控制人们在网络上对企业发表负面评论的事实时，除了接受和拥抱外，你亦需要制订一个计划，准备如何回应评论。

当然，你可以选择忽视它。目前，仍然有很多企业，拒绝接受被负面评论的事实。你亦可以尝试删除网络上的任何东西。在你自己的Facebook网页和博客上，你可以删除任何东西。或许，你更可要求企业律师，致函给每位允许别人对企业作出负面评论的网站经营者，要求他们删除批评。

但事实上，不论你是否拥有一个正式的Facebook网页，都无法阻止人们发表负面评论。那么，为什么不做好准备，拥抱这些负面的回应、意见和批评，而是选择逃避呢？尤其是当你像例子中被吓坏的总裁一样，觉得这些想法很激进，具有潜在破坏力，但是请深呼吸并敞开你的胸怀。

永不删除社交网络上的评论

不可删除的规定是指，除非评论是猥亵、粗俗、偏激或包含个人私隐的资料，否则永远不要删除社交网络上的评论。要让大家明白为何有不可删除的规定，最好还是先说明一下不遵守的后果。

约翰尼在Control Freak Inc.的Facebook网页上发表："我收到账单了，你们多收了我100美元，真差劲。"被吓坏的总裁坚持要立刻把评论删除，不要让任何人看到。很快该评论被删除了。约翰尼稍后再登录时，发现他的评论被删除了，顿时勃然大怒，立刻在Facebook上成立了一个"我讨厌Control Freak Inc.！集体抵制它！"的群组。他还录制了一段视频放在YouTube上，用歌声表达对企业的怨恨，表述自己遇到的不愉快经历，甚至还在Twitter上开设"controlfreakinc真差劲"的专门话题。

刚巧约翰尼是学校的足球队队长，亦是区内的摇滚乐团主唱歌手。24小时内，有数千人在Control Freak Inc.的留言板上发表负面评论，更糟糕的是，顾客开始取消订单，Control Freak Inc.的销售业绩亦开始下滑。

当然，这只是一个戏剧性的发展，实际情况也不一定如此。但是，我们真的值得冒这个险吗（还记得策略5中的"United Breaks Guitars"吗）？重点是，当你删除别人的评论时，就等同于对他说："你去死吧。"就像你收集别人的意见表，并在他们面前阅读，然后把意见表撕破一样。你不会这样做，对吧？而且，网络是无边无际的，只要任何人觉得不对，或未被聆听，他们可以转移到别的地方去发牢骚，寻找比以前更多的力量（或更多人的同情）去表达其不满。

置之不理是下策

除了删除负面评论外，部分管理层的第二个本能反应就是置之不理。他们会这样想："也许不理会问题，问题自然会消失。"或是"我们不需要去相信这事情，因为可能令顾客有更多负面的想法。"

如果删除评论等同于在别人面前把意见表撕破，忽视负面评论就等同于让别人的电话在线等待，然后永远不作回应。虽然不像把电话挂掉那么糟糕，但他仍然会认为你不在乎他。更糟糕的是，每个人都会看到评论，但却看不到企业的回应，他们会认为你的企业对此并不在乎。如果不作回应，等于你发出了一个强烈的信息：顾客的意见对你并不重要。这是传达给现有顾客、潜在客户和普罗大众的一个非常危险的信息，因为大家都只会把它理解为不屑作出回应。如果不想让事情变得更糟糕，企业需要做些什么呢？

公开回应　私下再跟进

在刚才描述的状况中，对于账单上多出的100美元，约翰尼只是想要一个答案。以下的回应，你觉得如何？

首先，企业其中一个代表公开发表："约翰尼，很抱歉在你身上发生的这件事情。我们发了一个私人信息给你，帮助你解决这个问题。"然后，你们马上发出一个私人信息给约翰尼："约翰尼，很抱歉让你有了一个不愉快经历。如果你把账户数据电邮至wecare@controlfreakinc.com给我们，我们会尽快为你解决问题。"

如果你迅速和公开地回应，你不只是回应了别人所抱怨和担心的事情，亦充分地把信息传递给全世界，让大家知道你们是聆听顾客和迅速解决问题的企业。然后，私底下再处理个人问题，可避免事情在企业与顾客间公开地反复往来，这种状况对任何人都没有好处，而且只会延长负面情况的时间。在公开道歉时，一定要提及对方的名字：这会让对方感到被聆听和被尊重。我们都是凡人，而且都会犯错。即使是最愤怒的顾客，亦会认清事情的真相，迅速地原谅你。但前提是，你必须道歉和尽快解决问题。

当然，你需要确定自己有足够的内外资源，可以及时去处理这些投诉，这些资源的多少，视企业规模的大小而定。如果企业拥有那些传统的顾客意见表，从意见表中，你可能已经大概知道一般会接收到多少投诉。这些意见表可以分发到相关的部门，由负责的人阅读、撰写回应信件，并把信件于一星期后寄出。在网络世界里，一切都变得很快。

站在顾客的角度考虑，对于某件事情，如果你有任何抱怨或问题，你期望多久可以获得答案？当然希望可以立即得到回应，所以你亦应该马上回复你的顾客。首要规则是，你必须确保有足够的资源，在24小时内或更迅速地回应人们的负面评论，即使只是立即作出这样一个回应："很抱歉。我们会深入了解，并于72小时内给你一个私人的回复。"至少，你马上告诉顾客你是在乎这事情的，而且你将尽快处理问题。毕竟，一位愤怒的顾客与我们一样，希望有人聆听和了解他。

"致歉"不代表承认过错

很多企业的法律部门，对于允许营销人员在Facebook或Twitter上说"对不起"都抱有保留的态度。因为律师们认为，只要道歉就代表承认过错，而企业对所造成的损害需要承担责任。部分产业属于高度管制，所以只是道歉并不可行。（例如，像我们在策略1中所提及的，制药公司针对它们的产品，不能在网络上合法地道歉。）但是，"我很抱歉"或"我们很抱歉"这样的话能让顾客感到有人在聆听他说的话，并分散潜在的危险。其实，有很多种书面道歉的方式，不代表都承认有过错：

- 我很抱歉你有这次经历
- 我们很抱歉你有这种感受
- 我很抱歉你有这个问题
- 这样真的很沮丧，很抱歉让你有这种感受

以一个简短但真诚的道歉作为回应是一个好开始，但是有能力去解决问题同样重要。对很多企业而言，这代表营销和公关部需要与客户服务部紧密合作，并及时为顾客解决问题。切记，顾客不会在乎你是哪一个部门的，他们只关心你能否替他们解决问题。而公关部的同事和客户服务代表，对他们而言没什么区别。

摸清顾客的网络影响力

虽然"回应每位顾客的投诉"是目标，而且说起来也很简单，但这基本上是不可能的。有些组织过于庞大，以致它们没有足够的资源去回应每个人的投诉。以网络上的社交网站如Facebook和Twitter这些企业为例，它们各自拥有数以亿计的使用者，却只有少于2 500名员工，所以它们根本没有能力回应每个投诉。你的企业也许亦面对相同的情况，你可以先考虑顾客在网络上所产生的影响力，再决定回应的优先次序。

Klout（Klout.com）和其他企业，会按照人们在网络上有多少朋友或追随者来替他们排名。如同数年前，你会优先回应填写意见表的名人。你回应的速度，取决于这些顾客的影响力有多大。在残酷的现实世界中，如果约翰尼有四万名Twitter追随者，相对于只有四名追随者，他在网络上对

你的名誉所造成的伤害会更加深远。我再次重申，在理想的世界中，你可以回应每位顾客的投诉；但目前你很可能没有足够的资源去处理。

将敌人变成"粉丝"

你可以把一位憎恨者变成仰慕者，甚至品牌的支持者，这完全依赖于你解决问题的能力和效率。在我们的例子里，如果约翰尼能立刻得到你的回应，而且你能够设法并轻而易举地解决他的问题，他对你企业的看法可能会改变，更可能大受感动，并高兴地把你推荐给其他的朋友。以下是一个对Verizon感到不满的顾客的真实例子，值得仔细考虑。

投诉人变身支持者

被评选为《财富》500强企业之一的Verizon，在美国国内的特定地区推出Verizon FiOS，这是一个电视、网络和电话的套餐计划。FiOS Facebook网页上的粉丝，是Verizon自2008年以来，企业的营销企划、促销活动和顾客服务的资产。当初设计网页的目的，是为了向Verizon FiOS营销和促销活动提供区域性的支持。但是，比起网页上所发表的营销、促销活动数据，顾客比较关心自己遇到的问题，他们并不害怕公开分享他们的问题。FiOS小组通常会尝试尽快解决顾客有关企业政策和程序的问题。我最喜欢与瑞（Ray Umstot-Einolf）的互动，2009年3月22日，他在FiOS粉丝网页上发表了以下评论：

喂！Verizon，为什么不还钱给我！！！我申请了你们的Verizon套餐计划，每个月缴付300美元，而我得到的服务只值约120美元。我每个月都致电给你们，但问题永远都无法解决。我知道你们大约对十个人做了同样的事情。告诉他们一个价钱，却按照另一个价钱收费，而且承认过错后还不退款。你们真的很差劲！！！你们即将受到法律起诉。祝你们这群骗子有美好的一天！！！

Verizon的小组成员非常焦急，并迅速地考虑处理方式。无可否认，有几位成员建议"删除评论"，害怕将真相公布出来，成为被起诉的理由。但是，几个头脑比较清醒的人坚持，"不可删除"的规定获得最后胜利。他们是这样回应的：

瑞，很抱歉你有这样的问题。我们发了一个私人讯息给你。Verizon 的职员会尽快与你联络。——狄梵，FiOS粉丝小组

瑞直接联络上顾客支持小组。数天后，Verizon 担心瑞所发表的下一个评论比第一个更糟。然而，2009年3月26日，瑞发表了以下评论：

我想感谢FiOS粉丝小组，他们解决了我的账单问题。狄梵真的太好了，我非常感谢她的帮忙。区域经理今天已经打电话给我并已更正了我的账单。谢谢！

还有，我想正式声明，我非常喜欢FiOS的服务。而且，在下载任何数据或玩网络游戏时，网络套餐计划简直让我喜出望外。谢谢Verizon FiOS，他们保证不会再有任何欺骗行为。

看到这两则评论，很难相信这是同一个人所写。但是，在Verizon和数千名网页上的粉丝面前，事实就是如此。在几天之内，瑞在数千名观众面前，从疯狂的憎恨者，彻底地转变成支持者。在这种情况下，顾客服务和营销企划是融为一体的，如果处理得当，既可以替企业大做宣传，又可赢得一位位满意的顾客。

以惊喜作为补偿

在回应时，道歉和迅速解决问题的态度是必要的。但须谨记，意见表是私底下进行的，社会化媒体则是公开的。所以，在回应时有更大的风险。你是否有任何办法进一步解决问题，并让失望的顾客喜出望外呢？或许，你还可以寄出一张礼券，在不告诉顾客的情况下退款给他，或在下个月给他一个大折扣。慎重作出选择，并发挥你的创意。下次，当顾客发表评论时，他可能会极力夸奖你们是一家能给客户带来惊喜的企业。

订花网站　以花报怨

1-800-Flowers.com是全球具有领导地位的网络和电话订购服务提供商，提供代送鲜花及其他礼物的服务。一年当中，最忙碌的两个星期是情人节和母亲节前后，原因众所周知。

在他们的网络社交上，大部分评论都很正面，但偶尔还是会有顾客投诉。我们Likeable与它的顾客服务小组会一同作出回应。在这两个重要的节日中，它运营的风险大增，因为很多竞争对手都在市场上卖广告。这段时间里，我们最不希望发生的事情就是没有回应顾客的投诉。因为任何抱怨都会有"滚雪球效应"，并直接影响销售业绩。

在2010年的主要节日里，1-800-Flowers.com决定补足人员，让它的Facebook24小时运作，并承诺面对任何投诉，都将于一小时内作出回应。而且，除了解决顾客的问题外，它会运送更多鲜花，数量比顾客原来订购得还多。这是一个风险，因为顾客可能会利用这个状况来占便宜，而它的利润相对会降低。但是，结果却令人非常满意。投诉的比例跟往年差不多，但是它会作出迅速回应。而且当所订购的货物顺利抵达时，收件者（还有寄送者）都能感受到惊喜和开心。很多投诉人最后会再次于网络上发表评论，但是这次却正面得多了。在关键时刻，企业以额外的开支来维持大众品牌的声望，很明显，这种方式奏效了。

回应与关怀　赢取顾客掌声

没有任何人或企业是完美的。你的企业肯定也会犯错，社交网络让这个世界能够轻易找出问题。但是，你亦有能力让世界知道，你的企业是负责任的。如果你能迅速和真诚回应、道歉并找出解决方法，就能避免声誉受损。而且，当你在解决问题时，若再能提供额外礼物给予顾客，你就能让你的回应和关怀变成营销资产了。

1. 决定如何分配资源来回应社交网络上的负面评论。是营销部、顾客服务部、代理商，还是他们三方的共同责任？

2. 制订一套迅速和公开回应的计划。与你的律师合作，想出一些他们认为没问题且尽可能对顾客友善的文字。

3. 确定你拥有足够的资源去及时处理负面的评论。这些资源除了回应评论外，更需要有效地解决问题。

4. 写下五项你能正面回应负面状况的方法。扭转顾客的投诉，使用"惊喜"和"愉快"去弥补负面情况。

策略7

分享顾客的满意经验

> **你应该拥抱最快乐的顾客。**
> **因为他们提醒你做得好的地方,**
> **这就是你企业的取胜之道。**

"先生,不好意思。"一个衣着整齐的女士在百货公司的走廊上对你说。"我只想多谢你们这些年来为我所做的一切。我是你们的长期顾客,你们为我的生命带来了欢乐。谢谢你们,继续加油!"你却木无表情地看着她,甚至快速转身离去,深怕店里有其他抱怨的顾客需要你去处理。

当然,这种情况很荒谬,而且不可能发生。你永远不会拒绝快乐的顾客。相反,你应该张开双手欢迎她,并邀请她分享更多的快乐。

你应该拥抱最快乐的顾客。因为他们提醒你做得好的地方,而这就是你企业的取胜之道,也是你整个营销计划中,最意想不到和最美好的部分。靠着口口相传,分享顾客的每一句赞美,这就是你最有力的营销工具。

可是,在社交网络上,每天有成千上万关于品牌的正面评论,未受关注,也没有人去回应。到一些大企业的Facebook网页上看看,你会发现人们分享故事,提问、赞赏企业的产品或服务,但是,绝大部分都没有被回应。是企业没有足够的资源去处理这些评论,还是它们过于集中应对负面评论,抱着一种捍卫的心态,决定不回应任何评论?或者是它们没有发现回应正面评论的价值?

不论是什么原因，它们都犯了一个错误，而且是与企业利益休戚相关的的错误。除了注意负面的意见和评论外，如果你们也有注意正面的评论，并且用行动去回应，那么，在这场游戏中，你们已经处于领先位置。事实上，当其他企业在社交网络上没有与顾客或潜在客户进行互动，而你采取了行动，就已经先行获得了顾客的良好印象。

富有创意的感谢词

当顾客在抱怨时，"很抱歉"这三个简单的字，就如同当顾客说一些赞美说话的时候，"谢谢你"这三个字一样有帮助。"谢谢你"代表"我在乎"；"谢谢你"代表"我们在聆听"；"谢谢你"代表"我们很感激"。当然，最好能将你的回应变得更个人化一些，并与大家多多分享你的品牌个性。

显露品牌的个性

品牌个性就是，当你向公众介绍企业时，赋予它人类的特性。社交个性能使你的品牌与其他品牌有所区别，让你的企业变得更独特，与消费者联系时更直接及人性化。例如，你回应评论的语气（或用词）就能帮助你塑造出你的个性。以下是面对正面评论时，数种说"谢谢"的方式，表现出品牌背后的个性：

- "约翰尼，感激万分，你是最棒的！"
- "谢谢你花时间与我们分享。"
- "谢谢你喜欢我们，我们也喜欢你。"
- "谢谢你的意见，约翰尼，我们会认真考虑。"
- "谢谢你的评论，请继续把赞美传播开去！"

现在，感谢顾客的正面回应比以前容易得多。通过社交网站的渠道，你可以直接与消费者联系，同时身为企业品牌，你要表现出真正关心企业在社会大众心目中的形象，也能迎合现有和潜在的顾客需求。

运用目标顾客的语言

语言是辨别品牌的重要一环。银行与比萨店在面对顾客时，是否都使用同一种语言去沟通？儿科医生与病人讨论他们的状况时，是否与肿瘤科医生一样，使用同一种语言？一个大品牌，其目标顾客是年轻人，是否把广告对象当作是成年人，使用对待成年人的语言？和你面对不同顾客时，肯定会根据这些顾客和企业的属性，使用不同的语言、不同营销策略或广告一样，你必须慎重考虑在社交网络上，针对不同群体作出回应时所使用的语言。

青春品牌　年轻语调

事实上，当不是与顾客面对对话时，你无法拥有运用不同的声音情绪来表达的沟通优势，于是你在Facebook、Twitter或微博上书写时的语气显得非常重要。请阅读以下文字时，仔细思考它所带来的不同感受：

"先生，非常感谢你的意见，我们感谢你的支持。"

与以下比较：

"谢谢你，好朋友。你是最棒的！"

你的企业属于哪种类型品牌？严谨的，还是有趣的？友善的？幽默的？令人惊讶的？让人觉得温暖的？更重要的是，你的顾客和潜在客户属于哪种类型？他们是年轻、敢于冒险的成年人？还是小心谨慎、严谨的长者？他们是喜欢玩乐的年轻人、紧张的妈妈、分秒必争的企业及专业人士，还是属于另一层次的人？全看你顾客的属性。你的言词及回应方式（包括对于好的评论），需要建立在顾客属性的基础上。

坎伯兰农场（Cumberland Farms）就成功通过Facebook网站让自己旗下Chill Zone品牌的声音深入人心。坎伯兰农场是一间连锁便利商店，在美国11个州拥有600间分店，大部分坐落于东北部。企业把Chill Zone视为"世界上唯一能让你将所想的任何饮料混合，从冷藏饮料到矿泉水，任何容量，只需79美分。"Chill Zone的目标顾客，几乎都以年轻人为主。在所有的沟通中，企业都维持着一个无拘无束的品牌形象。所以，当顾客在Facebook上发表有关在Chill Zone喝东西的经验时，你看见企业的正式回应，大部分都像图7.1的内容，或是"有你的，兄弟。"或"你真厉害，小姐。"而不是"谢谢你的意见。"

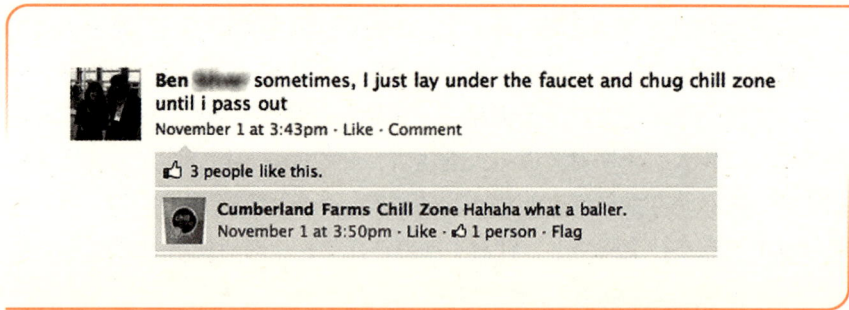

Ben ▓▓▓ sometimes, I just lay under the faucet and chug chill zone until i pass out
November 1 at 3:43pm · Like · Comment

👍 3 people like this.

Cumberland Farms Chill Zone Hahaha what a baller.
November 1 at 3:50pm · Like · 👍 1 person · Flag

图7.1　Chill Zone的回应

继续把"超赞"推开去

　　在营销历史上，Facebook是史上最具杀伤力的平台。大部分营销人员都非常关注删除或限制负面评论的扩散，而忽略把正面回应传出去的力量。事实上，大多数人认为，如果他们认识你、信任你、喜欢你（在一般情况下或在网络的内容里），他们较愿意购买你的产品或服务。因此，大部分人都倾向于看到有关企业的正面评价。如果你希望真诚地向顾客传递这些信息，提升有关企业正面宣传的效率，网络社交无疑是最佳的方式，可以让你充分满足顾客的需求。

　　在非网络世界里，如果顾客与你分享正面意见，这是要求他们推荐朋友的最佳时机。"你会否有朋友适合我接触他？"或更被动地，"谢谢。请让你的朋友知道。"

　　在Facebook上，当你受到称赞时，这是最佳的回应时机："谢谢。请推荐你的朋友浏览这个网页！（点击我们简介下方的链接。）"在Facebook上，每个人平均均有130个朋友，部分人甚至拥有5 000个！有愉快经历的顾客也会拥有这么多的朋友，也对你的网页感兴趣，并且愿意推荐你，从而形成一个良性循环。

　　这种状况与Twitter相似。在Twitter里，如果你得到正面回应，你可以回复并要求使用者再留言，或与他的追随者分享。每个人在Twitter上平均拥有120个追随者，但有些却可能拥有5万个，甚至更多。而且，Twitter上的每一个推荐，对你建立新的粉丝团都有莫大帮助。

但是，如果你认不出或不去感谢这些经常追随你、与你互动的顾客，以上的一切都是不可能发生的。

延续美好感觉的对话

在使用意见表的年代，大部分企业会对投诉作出回应，而好的企业更会回应每张意见表。但是，沟通好像就仅此而已。而因为社会化媒体的存在，对话变得永无止境。当你回应第一个评论后，顾客会继续与你互动，谁能预料最终会擦出什么火花呢？把这个过程想象成一个延续的讨论，而不是一些等待回应的评论。你希望与愉快的顾客开始一个对话，而且不断延续，并保持高透明度。但是，要如何让这个话题延续，又如何让正面回应的顾客感到惊喜和愉快呢？

正面回应　粉丝变员工

Sage North America的厄妮（Aimee Ertley），提供了一个如何与感到满意的顾客继续对话的例子。Sage是一个具领导地位的企业管理软件和服务集团，办公室遍布美国。Sage Peachtree Accounting产品营销小组在Facebook和Twitter上非常活跃，他们同时亦拥有一个活跃的网络产品社交圈。

厄妮告诉我，去年秋天，一位名叫亚利斯的学生，有一天上课时在Twitter上发表了意见。我们的社会化媒体小组看见他的意见后，回应了他，并寄了一份礼物表示感谢，祝他考试顺利。他在博客写下这件事，而且还提到Sage是如何地"高度重视与用心"。

今年较早时，我们邀请他来企业开会，告诉我们的员工社会化媒体的重要性和它所带来的力量。当时，他提到对在我们企业里实习很有兴趣。这个夏天，他开始在Sage实习，而且表现出色。所以，从一个对话开始，亚利斯获得了一份礼物、一个实习机会，还有宝贵的经验，Sage得到了一个非常优秀的实习生，也多了一个粉丝。

当然，并不是所有事情都是"从一个对话开始"。那是从一间拥有正面态度、回应所有评论的企业开始，然后是回应对话，继续深入，并延续对话。你下一个聘请的重要职员，可能就是一个刚刚在你Facebook上发表评论的顾客，谁知道呢。

鼓动你的"品牌大使"

小型企业多拥有忠实"粉丝"。这些"粉丝"对品牌誓死效忠，更不断把你推荐给别人。大品牌当然希望能拥有更多"粉丝"，这些人我称之为"品牌大使"。无论如何，他们都热爱你的企业。即使没有任何特别的奖励，甚至没有提要求，他们也乐于主动告诉别人有关企业的一切。如果你提出要求，他们一定会帮忙传话，那么，为什么你不这样做呢？

泰德维尔（Rod Tidwell）在电影《甜心先生》①里，跟马奎尔（Jerry Maguire）说："我的经纪人，马奎尔，你是我的真情大使。"泰德维尔形容真情是由"爱、尊重、社交和金钱"所组成的"一个完整组合"。真情就是企业最后所追寻的：建立一个互相尊重的社交圈，企业从中获得经济上的增长，并让顾客满意及对企业忠心。品牌大使，或所谓的"真情大使"，只要你提出要求，他都希望能分享你的"任何事情"。这对网络营销也有很大帮助，由于有社交网络和隐私设定，你能够马上知道人们在网络上有多少朋友。网络所造成的影响因人而异，加上企业的资源有限，所以你需要寻找的品牌大使，不仅要崇拜你，而且还需要有很多朋友、粉丝和追随者。

当你找到品牌大使后，除了感谢他是你的忠实顾客外，还可以做更多的事情。你可以用奖品来回馈，提供特别的待遇和专享服务。例如，提供各种样品，让他们与朋友分享，或在他们主办的派对中分发你的样品。你还可以提供多媒体内容，如照片及影片等，并鼓励他们创造一些"混搭程序"，更可以在这些内容里，加入他们自己的声音和对你产品的评论后，再分发给朋友和追随者，目的就是让喜欢你的顾客能常常为你发布信息，

---

① 1997年公映的一部好莱坞电影。讲述一名体育经纪人的生活，由著名影星汤姆·克鲁斯主演。

并分享他们对品牌的热情。

公开品牌大使的身份

你希望尽量扩大品牌大使的声音，但要确保他们会公开与你的企业的关系。如果向他们提供任何礼物或服务，联邦贸易委员会会要求评论者公开承认，他们确实收到了东西，以换取他们公开发布的意见和评论。举例来说，你不能随意免费招揽顾客到你的度假村，然后要求他们在微博或Facebook上发表其经验作为交换条件，除非他们清楚地公开说明，愿意回馈自己获得的免费旅程。（策略9会提到更多有关透明度的问题。）

口碑营销是很好的企业做法，时至今日，通过社交网络迅速有效地使用它，可以起到前所未有的效果。过去，如果一位名人到你的店里，你必定会好好招待他，希望他可以把美好经历传开去。现在，把每位顾客想象成网络上的名人更为重要，因为他们有追随者、朋友和影响力。当然，不是每位在你Facebook上发表评论或留言的人，都与某些"名人"一样，有左右或领导潮流的能力。但是，他们肯定能替你发言，而且既快速又简单，尤其当你感谢和鼓励他们之后。（某些使用者可能比一般所谓的"名人"更具网络影响力！）

"绝不遗漏任何顾客"的设计企业

VistaPrint总部位于美国马萨诸塞州，是一间每年服务超过900万位顾客和企业的全球企业，服务范围包括平面设计、网站服务和为顾客度身订造印刷品。因为要处理世界各地上百万张订单，所以它经常遇到很多正面和负面的回应。它的公关经理亚布斯图（Jeff Esposito）提到他们的座右铭，让人印象深刻：

我们小组的座右铭是'绝不遗漏任何顾客'，与其他只会说说而已的企业不一样，我们确实能够做到。在我们留言板上的评论，不论好坏，都必定会得到回应。我们也运用媒体替这家全球性公司缔造业绩。

看看VistaPrint的Facebook网页Facebook.com/VistaPrint，证实了亚布斯图的品牌承诺确实在实施当中。事实上，任何一天都会有数十人发表评论、分享意见、发表对订单感到满意及他们收到的照片并提出问题。任何疑问都会得到答复，所有投诉都会获得回应，甚至每位顾客的每一条评论，都会得到专门回复。VistaPrint在网络上的名声很好，被评为真正关心和聆听顾客的企业。事实上，当其他顾客发表负面评论时，那些分享良好经验的顾客或曾被VistaPrint拥抱及感谢的顾客，都会第一个抢先回应（见图7.2）。

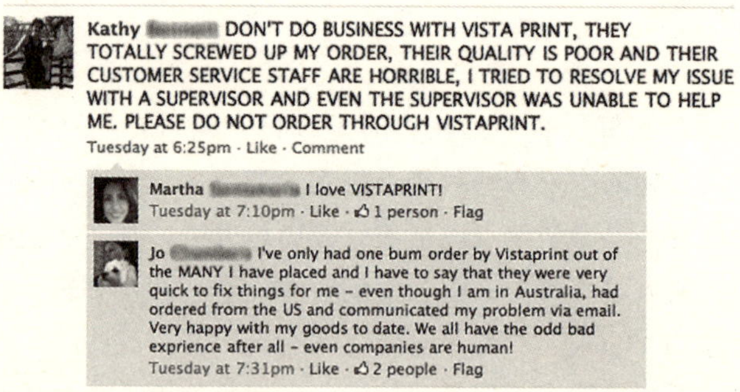

图7.2　VistaPrint顾客在Facebook回应其他顾客投诉

面对负面评论者，谁更适合替你辩护？你自己，还是上千名的快乐顾客？作为顾客，你希望与哪一间企业合作？会公开回应每位顾客的，还是漠视大部分顾客的企业？

尊重 + 惊喜 赢取粉丝心

每间企业都说在乎它们的顾客，但是，大部分企业在社交网络上都无法做到这点，更不用说在其他地方了。你不会挂顾客的电话，或在顾客面前走开；所以，不要在Facebook、Twitter或者任何其他网络上的社交网络媒体漠视他们。至少与每位顾客说声"谢谢"，以显出你对他们的尊重，也能表现出你们是一间真正在乎顾客的企业。在适当的时候，给他们一些惊喜和快乐，让你的忠实粉丝更进一步地口口相传，好让你的真情能继续延续下去。

实战招式

1. 制订一本专为回应顾客的社交品牌圣经，并选择适合企业的品牌个性回应顾客。有趣？严肃？个人化？专业？根据这个品牌个性，写下几种你对一个快乐顾客说"谢谢"的不同方式。

2. 根据你对现有顾客、粉丝、企业追随者人数的了解，安排你所需要的资源，回应每位在社交网络上发问或发表意见的顾客。你的员工会怎么做？你会请企业内部处理，还是雇用外面的厂商？晚上及周末应该如何解决？

3. 决定一套正式或非正式的奖励计划，去回馈你最忠心和最具影响力的顾客，加速他们正面的口碑推荐。你可以提供什么资产？你又有什么期望？你如何能够保证，他们是符合规定的，并让他们的朋友知道，你们的交换条件是什么？

策略8

以真诚感动客户

> **没有人想与一台机器对话，或与一个没有同理心的人接洽。**

"谢谢你的来电。我是顾客服务代表，今天有什么可以为你效劳？"你听到电话另一边传来的回答。

"太好了。"你想，"好像真的有人可以帮助我。"

"我对账单的某部分有些疑问。"你回答。

"请提供你的账号。"顾客服务代表回应。虽然你才刚刚通过电话输入过你的账号，但是，你还是需要重新提供数据。

"很抱歉。"顾客服务代表回答，"恐怕我无法解决你的问题。你需要与账务部联络，而它们的办公时间是周一至周五。我还有其他可以为你效劳的地方吗？"

当然，那个职员只是在执行他的职务。但是，所有的结果都像是早已编好的剧本。这样的互动，让你除了对这家公司无法为你解决问题感到沮丧外，它们让接线生来承担"顾客服务代表"的责任这一点，更是让你摸不着头脑。这位职员的工作，似乎都无法与你在乎或关心的事情扯上任何关系。

那么"财务顾问"呢？你曾经得到过"财务顾问"的任何帮助吗？这位顾问实际上是一位保险推销员，对你漠不关心，他们如何为你解决财务上的问题？

并非每位拥有顾客服务代表或财务顾问这些职衔的人都是不可信任的，众多优秀人才也在从事这些工作。只是，不论故意与否，这些职衔本身是误导别人的。当然，这种不真实性并不只适用于职衔，其他如品牌承诺的口号、广告、网站，通常都会有同样的不真实性或误导的成分。

很多大型的企业、公司在与顾客互动时，要完全真实呈现是困难的，尤其当企业规模越来越大的时候，更难以控制大量的员工和客户。为应对这个增长，经理开始制订模式和流程，而顾客服务中心则编好剧本。这些希望企业更有效率地运作的尝试，会让企业在某些领域的操作上变得更为畅顺，但在处理顾客问题时，却不容易达到目标。模式、流程及剧本，无法拉近公司与顾客的关系。这些非个人化的方式，反而让你的产品和服务与顾客产生距离，同时也失去了与人互动的价值。

对于大企业来说，社会化媒体提供了一个扭转这个局面的机会；对于小公司来说，则可以呈现它的真实性。通过目前的社交网络，你与顾客的互动变得更加"人性化"。你会发现顾客会更正面回应你，并更喜欢你个人化的态度。但是要提醒一下，这可能是一把"双刃剑"：在社交网络上，如果你无法真实呈现并迅速处理顾客的问题，必然会事与愿违。

在进一步讨论前，我要特别指出，我说的要在社交网络上"真实呈现"的意思。总的来说，你必定要人性化和个人化。没有人想与一台机器对话，或与一个没有同理心的人接洽。网络上的社交网站全都是人与人的互动，在某种程度上与大家产生联系。作为一家企业，你需要以个人化或个性化的态度与你的顾客或潜在客户联系。你亦需要有弹性和热情，去迎合多元的顾客和经常变化的需求、意见与想法。成为网络上与顾客对话的一员，去真正了解你的顾客、你的产品和服务在他们的实质生活中所扮演的角色。当你或公司的任何人代表品牌形象的时候，一定要真实呈现真我。面对顾客时，请不要再伪装。

《社交网络》是一部关于Facebook故事的热门电影。它的编剧艾伦·索金（Aaron Sorkin）在一次电视访问中（2010年9月30日播出）告诉史蒂芬·科拜尔（Stephen Colbert），社交网络是一种表演，而不是一个现实。他明显没有领会个中含义。相反，如果处理得当，社交网络是真实的，与索金的剧本不一样。

其他人推测，社交网络的使用者都是自恋的。他们喜欢与大家分享自己的一举一动（使用者甚至会告诉大家，他今天早餐吃的哪种麦片），有些人和企业，喜欢以自我为中心地使用社交网络，却忽视了如何驾驭网络上的社交网站。这些使用者的目光都很短浅。因为通过社交网络交流所带来的承诺，夹杂着更大的潜能。例如，Facebook实际上是一个让人与人之间产生真实联系的地方，也是一个让企业与顾客及潜在客户建立真正长久关系的地方。

网络是即兴互动的演出

音乐剧、话剧、歌剧都是传统而精彩的娱乐项目。经常看戏的人进入戏院后，会轻松地坐着，而表演者则"上场演出"。表演不易被察觉，而且差别也是非常细微的，但是，它却比现场制作的节目规模更大，情绪更饱满。尤其是音乐剧。很多音乐剧都采用了大量的色彩和音效，昂贵的场景、道具和服装，目的是要让观众目眩神迷，留下深刻的印象。同样的剧情，日复一日地演出，优秀的剧本、演技、歌唱，还有导演，使得表演能够成功地掳获观众的心。

另一方面，即兴的喜剧表演，没有任何背景布置或预先编好的剧本。即兴表演的特色就是由几个演出者，通过与观众的互动取得一些题材，每次表演时再根据这些题材来幽默、讽刺一番。与音乐剧相比，每次即兴表演都是不同的。只要有新颖、有趣的点子，加上表演者充满活力、富有天分，便能够为观众带来一次难以置信的体验。

你的品牌、企业或组织都能通过社交网络，为你的顾客和潜在客户创造一次这样的体验，更好的消息是，你不需要拥有像百老汇表演或电视广告般庞大的预算便可完成这一切。它只是需要你改变对媒体和营销的基本看法。同时要注意，在企业与消费者之间，现在的社会化媒体能够双向沟通，因此，你不要只想着"上场演出"，还要考虑成立一个有弹性的小组，让他们能够跟随潮流、热情回应、积极参与。与即兴表演不同的是，那些表演者每晚都有不同的演出，而你的小组成员则需要是独立的个体，并能真实地呈现自我。

有个性的真人对话

传统的广告比较像一出百老汇的音乐剧，而不是即兴表演。不论产品或服务是否具有真实性，目的都是要制造极佳的娱乐效果去吸引人们并让大家注意，同时引起话题。

但是，消费者已经习惯通过社交网络互相沟通，并且期待所有的使用者都有一定程度的人性化。作为广告客户或企业，你需要参与这些对话。当你这样做的时候，企业必须记住消费者的期望。在互动过程中，你必须是一个真诚可靠的人，若回应有任何缺失，就会让消费者认为你参与对话不过是一种营销手段，这并不比你不断重复一个乏味的企业口号来得好。仔细考虑你们是怎样的品牌和企业，你如何将企业的宗旨或网页上的"关于我们"，变成实际的、有帮助的对话，而且每天都在社交网络上互动？你需要让世界知道你的企业或品牌的个性，同时也要表现出你对消费者的关心，并愿意花时间与他们保持联系。

设定语调和说话指引

希望你的企业已经有工作手册，引导顾客服务代表知道如何与顾客互动，推销员如何说服潜在客户，公关经理如何面对传统媒体。通过社交网络，所有网络上的"对话"将永远成为公开记录，而在大规模的企业里，都会约束这些对话，以确保它能符合企业或法律上的准则，不会出现"不当的言论"。例如，企业沟通和法律部门会担心它们的员工或代表发出"非官方信息"，或者发表负面的评论，那么它们在道歉时就要承担责任。

在社交网络上，这种态度是错误的，而且无法实现真正的沟通。你越是约束品牌对话，就越会变得冷漠无情，进而减少对顾客作出回应。更糟的状况是，你越是缺乏弹性和真实性，就越会表露无遗，而且越不被信任。切记，在网络上，你对顾客的诚信和声望代表一切。

那么，你要如何让企业的法律部门高兴，又能维持最重要的真实性呢？最佳的解决方式就是：设定一套代表企业的语调，以及什么话不该说的指引，然后使用值得信任的人——不论是自己企业的员工还是代理人，在社交网络上代表企业发言。你要清楚地了解，这些代表在社交网络的对话中，能正确决定什么话该说或不该说，你甚至可以把这套新指引写成文件，并称之为"社会化媒体政策"（律师会非常喜欢这个做法）。

真诚比完美更重要

企业代表在与顾客对话时会犯错吗？他们当然会。企业里的人在与顾客或潜在客户处理问题时，都会把事情弄得乱七八糟，而这些过错，并不是在社交网络上留下一个公开记录这么简单。社会化媒体的步伐太快了，人们都会偶尔犯错，而有些过错显然很大。以前，当员工犯错时，有些会得到原谅，有些却让他们丢了饭碗。在社会化媒体里，这是同样的道理。记住，这是一场对话，当你承认过错并尽快弥补时，人们是会原谅你的。

例如，当你在Facebook上更新时打了错字，或者在Twitter上不小心分享了一个不正确的链接，只要把它删除、重新输入并作简单道歉，以及再次分享即可。这种不完美呈现了它的弱点，通常能让顾客或潜在客户与公司更为亲近，因为这表示你也是个平凡人。企业应该通过社交网站，注重语调的真诚、与顾客的关系和品牌的整体呈现，而不是尝试让每个更新和回应变得完美。人们比较容易被真实的事物吸引，而不是伪装或照本宣科。所以，切记要真诚。

生活短片　显企业个性

要让人们认识你的企业，最佳的方式是在网络上分享小组成员和工作场所的照片或影片。当然，你的顾客不会太在乎每天是否能看到这些资料，但是，他们会为偶尔看到你的企业成员和企业文化而感到激动。你不需要聘请一位专业的摄影师或编剧，事实上，你可以每个月拿起索尼摄录机，记录新的部门、职员、厂商、主管，然后在镜头前问一些有关他们自己，或者他们在公司所扮演的角色问题。（在社交网络上，60~90秒的影片最适合不过。不要过于冗长，因为人们不会想把它看完。）

你亦可以分享公司夏季出游的照片或影片、新办公室的开幕典礼，甚至是总裁或公司高层的"内部人士见解"。这些生活片段对于品牌人性化，以及让顾客更了解企业幕后的人，从而建立顾客对企业的信任是非常有效的。只是，不要过于热情。切记，在社交网络上，顾客（而不是你）才是重点，要留意他们想讨论、想看到、想听到、想学习、想了解的东西。

真诚→信任→获赞

在所有的关系中，除了少数的例子外，我们都会被能够分享自己的情感和真我、敢于承认缺点、诚实和真诚的人所吸引。我们感到与他们之间彼此联系着，因为他们值得信任和依靠。

当人们像在演戏或是隐瞒某些事情而表现虚伪时，实在是令人倒胃口的事。如果我们认为对方是虚假的，我们就不想继续维持这段关系；如果彼此间感到没有真诚以待，关系也不会持续发展的。不真诚会酿成不信任和恐惧的后果，你深怕这个人不适合你，或许你认为还有别的人选能够成为你的朋友。

这种互动模式也发生在社交网络中。当企业能够真诚地与顾客分享或联系时，信任便由此产生，而在顾客与企业加深关系的同时，双方也会感到舒适自在；但当企业在分享大量制作的内容，或者以读台词的态度与顾客对话时，就会显得不够真诚，从而让顾客对企业产生不信任感，这样也就不会为企业带来渴望得到的"赞"、分享或推荐。

这就像两个人之间，坦诚和信任能让彼此的关系成长。企业的目标就是要孕育这些关系，这样，顾客才能获得美好的体验，甚至愿意在网络上以个人的名义去分享或推荐你的产品、服务给朋友。

十位年轻人　真诚的威力

B1Example是政府机关的一个计划，由波士顿公共卫生委员会管辖下的"防止暴力小组"和"沟通小组"协办。它的任务是通过正面的行动和行为防止暴力，同时影响和授权年轻人去重新定义"街头形象"，以正确的方式获得尊重，并以他们所在的社会化媒体为荣。

波士顿公共卫生委员会（BPHC）坚持认为，政府机关不适合代表这个计划在社交网络上发言，它甚至认为像Likeable Media这样的社会化媒体服务机构，虽然能够提供协助，亦不适合代表发言。我们认同这个观点。为了维护真实性并能够直接与目标群体对话，我们聘请了十位波士顿的年轻人，并对他们进行细心培训，让他们替这个计划去管理Facebook上的网页和YouTube的频道。这些年轻人都非常优秀，他们积极地在社会化媒体里发挥影响力。这些目标的本质是放弃控制信息的传递，关于这点，很多企业或大部分的政府机关，在执行上都有着相当大的困难。难道现在的年轻人会相信政府官员要求他"待在学校"或"不要在街上逗留太久"？还是在讨论社会化媒体的问题上，与同龄人相比，他们会比较相信成年人？

BPHC不挑剔这些年轻人所用的文法或标点符号，它全神贯注于协助发展这个团体的声音、这些年轻人个人的声音，同时建立一个创造、分享和激励人心的过程。时至今日，在Facebook.com/B1Example网页上，你会看到能吓坏所有英文老师和公关经理的文字在实时更新。因为多年以来，这些年轻人在写作和表达上，都有一套属于自己的正确或错误的观念。但是，你也会看到由这些年轻人制作的影片是那么地与众不同，而通过这个网络，数千名波士顿年轻人在互动，以防止青少年暴力；你会发现年轻人之间的对话方式是营销人员永远无法复制的。这就是真诚在社交网络上的威力。

报上名来　互动更人性化

在策略3中，我们提及Omaha Steaks是美国网络上最大型的牛排和其他预制食品的供货商。它明白善用社会化媒体工具所带来的好处，所以决定通过Twitter在网络上现身。Omaha Steaks想确认，每次只要有人分享意见，或者在Twitter上回应问题，都是以真诚为中心的。切记，品牌的每个回应都是人为操作的。因此，Omaha Steaks决定要突出与顾客和潜在客户对话的，都是品牌幕后的人，他们希望将每个互动变得更加人性化。

经过培训，Omaha Steaks的顾客服务小组、公关和营销小组，开始在Twitter上作出回应。最初，当每个人轮班使用@OmahaSteaks的Twitter账户时，员工都会以下列方式表明身份："嗨！大家好，周末愉快。我是保罗，现在让我为大家服务。"

明显地，比起与一个没有名字、没有面孔的公司互动，与"保罗"互动变得简单得多，而对于这样的开场白，比起一些介绍公司或不断提及牛排的开场白，顾客的反应亦比较良好。很多品牌在Twitter上，亦开始采用这种个人化的名称，如Dunkin' Donuts、JetBlue及Comcast。

名人与粉丝的互动

社会化媒体为名人提供了一个平台。这些名人通常都会聘请营销或广告人员替他们宣传，并直接与顾客和粉丝对话。通过利用社交网络，演员、音乐家、运动员、政治家、作家以及其他公众人物都拥有极佳的机会去扩大他们的粉丝团，塑造公众对他们的观感，达成他们的目标。但是，真诚是当中最重要的部分。任何公众人物如果在Facebook或Twitter上替自己卖广告，要真实呈现其实是不可能的。

当然，有时候与粉丝互动不一定是可行的，而公众人物更不可能对仰慕者的每个评论都亲自回应。因此，公众人物会聘请代理人或让员工去协助处理，但有时他们仍然会亲自上阵。公众人物的回应要做得公开，以维持真实性。

拥有2 100万粉丝的演员

在地球上所有的演员中，你能猜到哪一位在Facebook上拥有最多的粉丝吗？他是天王巨星吗？他有参与现今最热门的电视节目吗？他能够让年轻人神魂颠倒吗？以上皆不是。在Facebook上拥有超过2 100万名粉丝，且粉丝人数还在持续增长的、最受欢迎的演员是范·迪塞尔（Vin

Diesel），他是电影《速度与激情》(*The Fast and the Furious*)中的明星。为什么迪塞尔在Facebook上那么受欢迎？简单来说，是由于他的真诚。很多演员由宣传人员、经纪人和经纪公司帮助他们塑造形象，但是，迪塞尔对人们却非常真诚：他与粉丝分享照片、影片和想法，向他们问问题并参与到追随者当中。如果要证实真诚的力量能够带动人与人之间的关系，迪塞尔和他的数千万名粉丝就是最佳的写照。

有600万名追随者的名人评论

演员阿什顿·库彻（Ashton Kutcher）承认，他自己不是一个写作能力良好的人，而且在回应中使用的文法也不标准。但是，在Twitter.com/AplusK的网页上，他拥有超过600万名追随者，在三年内就成为Twitter使用者中拥有最多粉丝的前三名，他的追随者比@NYTimes和@CNN加起来还要多。为什么？这是库彻的真诚、表里如一、热情和观点为他带来的。

库彻对某些有强烈感觉的议题会作出评论，如结束人类奴隶制度，同时他也会分享他在网络上发现的有趣的和好玩的影片内容。对于他在好莱坞幕后生活的点滴，或者是他与女演员黛米·摩尔（Demi Moore）的关系的评论，他总是敞开心胸地回答。最重要的是，他不断地以真实和真诚的自己作出分享和回应。

与大群粉丝对话的运动员

专业运动员与演员一样，以往都缺乏与粉丝沟通的渠道。运动员通常都由经纪人或公关公司作代表。不过，社会化媒体改变了这个模式，让运动员第一次可以直接与大群粉丝对话。

大联盟的棒球选手尼克·斯威瑟（Nick Swisher）就是以这种新形式与人们联系的。也许他不是一名顶尖的选手，但是在Twitter.com/NickSwisher上，他却拥有超过130万名追随者。到目前为止，他仍是Twitter上的顶尖棒球选手。为什么？因为真诚。他除了分享照片和影片外，也分享他在球员席时的想法和看法；他深受欢迎，因为他提供了粉丝以前从没接触过的幕后花絮。

尼克认真经营Twitter，并不只是表达自我价值观，还帮助运动员得到更好的谈判条件、销售自己的商品，而不需要聘请任何中间人。2009年美国联盟全明星赛的最后一席，斯威瑟与凯文·尤克里斯（Kevin Youkilis）的竞争非常激烈，而这一席主要是由粉丝投票选出的，斯威瑟的130万名追随者让他荣登宝座，顺利成为全明星！

拒绝机械　拥抱真诚

如同在鸡尾酒会上，人们能够辨别出谁是真心，谁不是真心，顾客亦能分辨出哪些企业是真诚沟通的，哪些则是营销公关的对话或法律措辞。如果你在社会化媒体互动中如同机器人般只是照本宣科，不论你的动机有多好，只会闷透你的顾客和潜在客户；如果你在互动中是真实、真诚和人性化的，顾客和潜在客户都会信任和购买你的产品。最重要的是，他们愿意向朋友们提到你。

🔑实战招式

1. 如果你独立经营一家小企业，写下你认为最不真诚，或者对顾客来说只是一种营销手法的五件事情，然后，再写下五种相反的事情，在Facebook或微博上真诚地告诉大家你的方式。

2. 如果你是大企业的一分子，请制订一套如何展现自己真诚一面的计划。要真实呈现并不容易，但这是十分必要的。可以与企业主要的参与者和管理层进行讨论，如何才能在所有的沟通渠道中真实呈现，尤其是在社交网络上。

3. 如果你已经有了操作社会化媒体的策略，要小心检查并确认它能否让你真诚地沟通，如果没有就宁可放弃。如果你并没有任何操作社会化媒体的策略，现在马上就制订一个。

4. 如果同时有几个人代表公司在Twitter或微博上回应，请他们使用自己的名字或名字的第一个字母去回应顾客。

策略9

增加透明度　带来信任

> **只要增加一点点透明度，就可以让潜在客户对你建立信任，并得到顾客的长期承诺。**

　　数月前，一位纽约州的议员加我为好友，虽然我不认识这位政治家，但我欣赏公务人员使用社会化媒体增加知识和扩大影响范围，所以我接受他的邀请，成为其好友。而且，由于我曾担任纽约市的公职，我认为在这些经历中，已经认识了一些州议员，所以在纽约市遇到他是迟早的事。或许我们到时候会成为"真正"的朋友，谁知道呢？有一天，当我登入Facebook时，这位议员的对话窗口弹了出来，我有点惊讶。

　　"嗨！戴夫。最近做什么？"

　　"没什么。议员，你好吗？"我通过Facebook的实时对话回应他。

　　"我很好。你可以为我的选举活动出一份力吗？你知道每一环节都很重要，而且明天就是下一次报名的截止日期，所以真的很需要你帮忙。"

　　"可能吧。"我抱着怀疑的态度回答，"哇！你会使用社会化媒体来帮助你竞选，很棒。"

　　"谢谢你。我们下周还有一个活动，如果你能前来支持，那就太好了。"

　　"可能吧。"我再度回答。然后，我问："你是议员本人吗？我指的是，你不是一位职员或志愿者在Facebook上冒充议员募款吧，是吗？"

沉默。

我继续问："作为一家社会化媒体公司的总裁和一位选民，我希望你视我为平等的人。如果你不作回应，我将假设你不是议员本人。"

再度沉默。

然后，我收到这个对话中最诚实的信息："我是议员的助理，丹。很抱歉。议员本人没有在Facebook上，所以我代他使用这个账号。"

在这种情况下，立即坦白是非常有必要的。我本不需要询问是否在与议员本人对话，只是，我不确定这个举动到底能为议员募集到多少款项。每次的竞选活动中，如果都有这种戴假面具的人，他们其实是在冒着输掉这场选举的风险，甚至可能永远损毁这位政治家的名誉。只是希望在Facebook上多筹得人们的几块钱，值得冒这样的风险吗？

最近，我的公司的一位员工与一家大型航空公司有一次不愉快的经历。在一段障碍重重的旅程后，她终于抵达了目的地。因为经常使用社会化媒体，于是她在航空公司的Facebook网页上，发表了事情的始末并指责该航空公司。不久，她收到两个私人信息，均以这家航空公司的忠实用户的身份寄给她。其中一位说："你胆敢在网页上发表这种可恶的批评？你到底哪里有问题？"

她点击了发件人的简介，发现这位使用者竟然是航空公司的职员！事实上，另一个私人信息也是航空公司的另一位职员发出的。这些行为显然没有获得航空公司的正式允许，这也表现出这家公司的不足：员工寄出的信息不公开，是一件极其愚蠢、不道德且违法的事情，直接让公司的声誉受到损害。

建立信任　由真实身份开始

传统的营销人员，多年来都是通过广告和其他直线式营销策略（linear marketing tactics）去影响人们对品牌和公司的想法。同时，为了达到目的，营销人员在社交网络上都会言过其实。我不得不着重强调这一点：在使用社会化媒体时，你必须尽量诚实和透明。诚实和透明能够让你与顾客建立起直接的关系。若偏离了这个价值观，则会永远伤害品牌的诚信。

在这个无法隐瞒真相的年代，请各位不要再心存妄想。如果你还没有准备好去面对企业和产品的事实，并与消费者分享，那么，就不要急着加入任何对话。当你决定要出现在社会化媒体中时，就表示你已经没有退路可言，而且也没有任何选择，你只能接受让所有的事情变得透明。如果你的直觉是要诚实，那很好。但是，太多的营销人员为了接近消费者，使用了很多不诚实的手法，忽视了最简单而又最重要的诚信。因为社会化媒体的出现，让消费者对企业和组织的透明度有了更高的期望。

口碑营销协会的规范

口碑营销协会（WOMMA）是口碑营销和社会化媒体的一个具有领导地位的贸易组织。WOMMA建立了一套公司在社交网络上应该使用的语言和行为道德的规范，这套规范以诚实为中心。WOMMA的网页上如此写着：

"请遵从Honesty ROI法则。合乎道德的口碑营销人员在与消费者、支持者、产品代言人的所有沟通中，都会努力争取透明和诚实。

● 诚实的关系(Honesty of Relationship)——告诉大家你是在替谁说话。
● 诚实的意见(Honesty of Opinion)——告诉大家你真正相信的是什么，永不受诱惑。
● 诚实的身份(Honesty of Identity)——告诉大家你是谁，永不伪装自己的身份。"

这些看来都是依靠直觉的事情和规范，却在近年来被很多营销人员打破了。他们散播一些伪造的评论、冒充别人、付钱购买正面的评论、请员工写评论，却不公开他们的身份。

这一切不只违反了WOMMA的规范，更是不道德的。根据联邦贸易委员会(FTC)2009年的准则，部分更是违反了美国法律，这可以在Bit.ly//FTC2009中查看。即使你没有被FTC抓到（他们可以要求你支付数万美元的罚款），但这种做法对品牌名誉的潜在伤害，足以让你好好考虑到底要不要违反这套道德规范。

不要假扮顾客

这个观念很简单，也很直接（如同很多社会化媒体营销一样）：假冒顾客的身份，化身为消费者。你会希望被谎言欺骗、利用和影响吗？当然不会。因此，作为一个营销者，千万别考虑去使用这些手段。如果存在灰色地带，你应该考虑的是，这样做是否符合道德标准；如果不符合，请选择别的方式，千万不要轻易尝试。

仔细思考以下四个维持透明度的准则，同时避免一些道德问题：

1. 如果你获得的产品或其他有价值的对象是企业或客户赠送给你的，当你在发表评论或支持这家企业时，你必须在Facebook、Twitter或微博上注明。

2. 要求顾客帮助企业宣传绝对没有问题。但是，如果你提供免费产品以换取他们的支持，必须在转发顾客发表的任何有关你的企业的评论或文件时，公开他们所应得到的礼物。

3. 如果你的企业或组织正在做一些不想被人知道的事情，不要妄想你能够在社交网络上隐瞒。相反，你必须解决这个问题。

4. 如有任何疑问，请公开真相。

记住，这个世界是非常透明的，所以在建立社会化媒体的平台之初，你就必须做到诚实和公开。

诚实的答案

从孩童时代到现在，你都被告知要做个诚实回答别人问题的人。但是，当你不知道答案时，或者有时为了社交的礼仪，你会以你认为人们希望听到的答案作出回应。使用社会化媒体时，千万不要因为想着讨好别人而说出他们期望的答案。当你不知道答案时，你应该说："我不知道。不过，我会找出答案。"人们会认为诚实是令人振奋的，不是吗？他们宁愿听到"我不知道"，而不是其他不真实的回应。

具有高透明度的银行

Educational Employees Credit Union（EECU）是一间中型的信用合作社，它在加州弗雷斯诺拥有多家分行。在高度管制（以及传统上欠缺透明度）的金融企业里，很多机构正在挣扎，如何通过使用社会化媒体与顾客进行互动成了很大的问题。对于大型银行来说，它们的焦点并不是银行业务本身，而是公司的慈善捐赠和其他服务项目。

EECU希望能够在金融机构中脱颖而出，真正"使用"社会化媒体。它愿意与顾客公开对话，毕竟，信用合作社在定义上是属于所有会员的。它也认为，对话的焦点应该是其他比较有趣的话题，而不是银行业务本身。因此，大部分在Facebook或Twitter网页上的对话（Facebook.com/myEECU和Twitter.com/myEECU），都与弗雷斯诺以及邻近地区的文化和商业有关。

不过，EECU并没有回避有关利率、顾客服务经验和信用合作社员工活动的话题。看看图9.1的Facebook上的讨论。

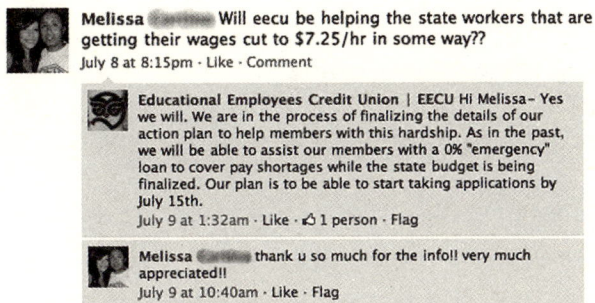

图9.1　EECU在Facebook上驾轻就熟地处理难题

EECU唯一不公开讨论的是有关顾客的私人财务数据，这些数据显然是需要保密的。在很长一段时间里，当很多金融机构（不论规模大小）都无法提供一个具有透明度的社群给予顾客时，EECU让自己成为了市场的领导者。顾客变得更加忠心，因为EECU在网络上是值得信任的，而它在策略上的成功，更令口碑和会员人数大大提升。

与约会一样：越坦率，越容易成功

任何有约会经验的人都知道，坦率和诚实是建立关系的重要因素。当一个人无法对另一个人敞开心胸，这段潜在的关系便已受到威胁。如果某人没有完全坦诚以对，你难道不会觉得对方有事情瞒着你吗？这种情况亦能应用在企业：如果你不需要隐瞒任何东西，就可以通过增加透明度获得正面的结果。

如果你的对象在第一次约会时就畅所欲言，本着透明公开的精神，分享内心深处的秘密，你可能会觉得很不舒服，也很奇怪。同样地，公司需要公开透明，但并不代表你需要与顾客分享商业秘密、利润或内幕消息。事实上，就算是充满好奇心的顾客，太多这类的信息也会令人感到厌烦。

一般来说，当你分享有关公司价值和文化的看法，并鼓励大家对你所作出的决定诚实讨论时，顾客会更加信任你，感觉与你更亲近，希望巩固与你的关系，这就像约会一样。要公开透明，并不代表你需要分享公司的所有事情，能提供更诚实的想法就很好。

名人与政府的透明度

没有任何部门比政府部门更需要公开透明。你、纳税人、投票人、政客和专业行政机关都希望如此。因此，他们需要向社会大众提供获得公开、真实数据的途径。正如很多大公司对社会化媒体的适应都比较缓慢，政府部门也一样，不论规模大小，它们都花了一定的时间去建立一个平台，并创造社交网络的议题。不过，与很多公司不一样的是，它们第一个需要效忠的是股东；政府效忠的则是选民。

在这一章开始时，我所提供的案例是令人讨厌的。因为议员的员工冒充他本人，务求达到目的。公众人物如政客、演员、作家、艺术家，正确使用社会化媒体的方法，是亲自使用这个工具。但是，如果因为太忙，希望请人代表他们使用Facebook或Twitter，最好公开谁正在回应问题、对话，或者谁代替哪些人在发表评论。艺人布兰妮（Britney Spears）（Twitter.com/BritneySpears）在这方面做得很好。她会让大家知道什么时候是她本人，什么时候又是她的员工在回应，因为在每则回应的消息中，他们都会签下自己名字的第一个字母。在政治方面，华盛顿州的国会议员英士利（Jay Inslee）的助理在Twitter.com/RepInsleeNews上，同样会公开谁正代替议员作出回应。

虽然企业和组织不必每次都在社会化媒体中更新签名，但是要让追随者感受到，他们正在与品牌幕后的人沟通，而不是与一个冷冰冰的组织沟通，这有助于建立彼此的信任。如果企业总裁能亲自使用社会化媒体与顾客或潜在客户接触，而他本身又不会感到不自在，这是最理想的做法。毕竟，总裁是公众人物，也是组织中的首席营销者。

市长与选民直接联系的力量

奥巴马（Barack Obama）总统定下使用社会化媒体的黄金标准，让他赢得了2008年的选举。不过，实际上并不是他本人使用Twitter和Facebook而让他荣登宝座的。当知道不是奥巴马本人使用社会化媒体时，有些人会感到难受，因为在选举活动初期就缺乏透明度。相反，纽泽西州纽瓦克市长布克（Cory Booker），则定下政客真实使用社会化媒体的白金标准。

布克上任初期，当时纽泽西州最大的城市纽瓦克，是一个受到犯罪、失业和失败的教育制度困扰的地方。尽管肩负很多责任，布克还是通过使用社会化媒体与选民、媒体、捐赠者建立联系。布克的这一行为成就非凡，他的Twitter账户Twitter.com/CoryBooker累积有100万名追随者。此外，他也通透过社会化媒体，让纽瓦克的政府部门直接与市民公开联系。虽然他与Facebook的总裁扎克伯格的友谊是从一个非网络的会议上开始的，但是，他们却通过网络和Facebook保持联系。最后，在2010年9月，扎克伯格捐了1亿美元给纽瓦克的学校，这是有史以来，该市收到的最大宗的私人捐赠之一。

但是，没有其他故事比2009年12月31日发生的事情，更能凸显民选官员与选民直接联系的力量。纽瓦克居民瑞芙在元旦前夕的一场暴风雪中发出了一个信息，表示她担心65岁的爸爸被围困。市长布克看到信息后，马上回应："瑞芙，不用担心。请告诉他，我们会在中午前把他的车道清理好。我们有盐、铲子和志愿者。"

一个小时后，市长出现在瑞芙父亲的家里，并开始铲雪。布克并不在乎回应时的文字文法，因为他忙于聆听、参与、回应选民。

布克酷爱使用Twitter，而且是网站的拥护者。从选举活动的解说开始，我们走了一条很长远的路。很多人相信，在大家需要更大的透明度时，布克为未来的政治家们带来了一个新的沟通渠道。

让顾客爱上你

企业数据须保密，但只要增加一点点透明度，就可以让潜在客户建立起对你的信任，并得到顾客的长期承诺。当遇到疑问时，你要公开你的目的和身份。

任何你付费邀请他们在网络上发表言论的人，你必须要求他们完整地公开这个情况，并要做到真诚和诚实。

就像我们会爱上懂得聆听和值得我们信任的人一样，我们同样会爱上懂得这样做的企业。如果顾客爱上你这个透明度高的品牌，这不是一件很美好的事吗？

　　1.建立一套社会化媒体策略，视诚实和透明为重点。与企业内部的重要成员讨论哪些数据是需要保密的。与此同时，还要讨论你如何才能做到真诚、坦率和透明。

　　2.如果你在大企业工作，考虑企业总裁能否有效地使用社会化媒体如Facebook、Twitter或微博，让他成为品牌透明度的最佳代表。

　　3.严谨地检查社会化媒体政策，确保以诚实和透明作为核心价值。如果不是，考虑可以加入的条件，帮助建立这些价值，包括参考口碑营销协会的道德标准规范。

　　4.写下三种在社交网络上回应或批评问题时更透明的方式，借此与顾客建立起更深层次的信任。

策略9　增加透明度　带来信任

策略10

搜集顾客意见

> **在社交网络中提出问题，可以帮助你的组织获得有价值的见解，降低研发成本，并获得你的顾客和潜在客户都未必能给出来的意见。**

20世纪初，烘焙食品公司恩特曼（Entenmann's）在纽约布鲁克林成立，现已发展成为国际品牌，多年来创造和停产数以吨计的产品。它有一群热情的粉丝，对特定食品的忠诚度有时超越其品牌本身。

最近，它的粉丝在恩特曼的Facebook留言板上问："为什么不恢复生产脆皮香蕉蛋糕？"他在一天内张贴了三次同样的问题，对停产脆皮香蕉蛋糕感到很心痛，并竟然开始召集粉丝抵制他以前心爱的恩特曼品牌。他递交了一份请愿书，并将"脆皮香蕉蛋糕哪里去了"这句话在Facebook的留言板上贴得到处都是。

恩特曼是一家有远见的公司，当事情涉及社会化媒体时，它意识到顾客才是最宝贵的资产。然而，脆皮香蕉蛋糕的销售量并不足以让企业恢复生产，恩特曼打算怎么解决这个问题呢？企业管理层的决定是，如果脆皮香蕉蛋糕的销售有保证，就恢复生产。

恩特曼给这位不满的粉丝打电话，让他知道，恩特曼打算在Facebook页面上发布一项调查，就是否需要重新生产脆皮香蕉蛋糕一事，让粉丝自行投票决定。如果有1 000人或者更多的人投"恢复脆皮香蕉蛋糕生产"，那么企业就会顺应民意。这项建议赋予顾客和各地消费者决定恩特曼产品线的权力。

第二天，恩特曼便把"我们应否恢复生产脆皮香蕉蛋糕"的问题张贴在其Facebook网页上。粉丝（以及其他想回应的人）有充裕的时间凝聚周围的朋友来回答这个问题。这不仅为恩特曼品牌团队提供了免费洞察其现有顾客的机会，也使得许多新的人接触到该品牌和Facebook专页。

投票的结果是什么？原来只有那个提出抗议的粉丝自己酷爱这款脆皮香蕉蛋糕产品。尽管如此，调查是透明的，它给予粉丝被聆听的机会。若要公司专门迎合该顾客的索求，是非常困难的。虽然脆皮香蕉蛋糕依旧停产，但该男子仍然是恩特曼一名敢于表达己见的粉丝，并享用着他它的其他产品。自此，一个公开的问题，就把一名不满的粉丝转变成了公司现时最积极和敢言的粉丝。

问题更易引人回应

负责企业社会化媒体运作的人经常感叹："没有人回应我们在Facebook和 Twitter上的发布。"尤其当你没有一个大的企业，没有成千上万的粉丝接收回应或评论时，你发布的内容将备受考验。要解决这个问题，就要从基础开始。试想在一段对话中，一个疑问句（question）和一个陈述句（statement），哪种会让你更想去回应？请比较以下两个句子：

● 这本书至今为你提供了宝贵的洞察力。
● 这本书至今为你提供宝贵的洞察力了吗？

第一句很可能会让你点一点头，或者摇一摇头，或是认为："嗯？到目前为止还算不错，我可以继续阅读。"无论如何，即使这句话能让人有所触动，也只是很轻微的。同时这句话还可能让你认为，作者有点骄傲自大和自以为是，希望你拥有与他相同的想法。

第二句是一句提问，可以直接产生一个明确的回应，例如"是的，我喜欢它！"或"不，没有什么是我不知道的。"此外，问题给予人的印象是，作者希望真正知道你的答案，而非假设他已经知道了答案。

在传统的广告和营销环境中，营销人员只能在有限的时间和空间里获取信息，他们要引导顾客去思考，并没有时间和空间来提出问题。然而，在社会化媒体环境下，事实恰恰相反。你不能告诉人们你觉得他们在思考什么，因为他们不会积极回应。现在，既然有无限的时间和空间，你可以直接满足他们的需要，得知他们正在寻找的产品或服务，了解他们喜欢什么、不喜欢什么、想什么和对企业的期望。实现这个目标的解决方案，就是要问很多问题，当然，实际上你是想听到答案。

你随时可以问社群的五大问题

1. 请问你想在这个社群看到些什么？
2. 谁对你的启发最大？
3. 你认为我们产品最有趣的地方在哪里？
4. 你何时第一次使用我们的服务？
5. 为什么你喜欢这个网页？

哪些问题有营销力？

现在试以顾客的身份想想，哪些公司如何通过营销渠道接触你，而你又有什么感觉。广告商一直寻求与顾客有情感联系的方法，当广告商向你介绍他们的公司，或者当广告商问你对他们有什么意见时，这些都是在构建情感上的联系。以下四项就是从问题中创造出的营销价值：

1. 帮助你从容引导社会化媒体中的谈话。
2. 让你成为以消费者为中心的营销员，而不是以品牌为中心的营销员。
3. 证明你重视公开、诚实和反馈（顾客和潜在客户均高度一致地关注这三点）。
4. 表明你在乎顾客的意见。

问题可以建立你与消费者之间的情感联系，并且从谈话中可以带出顾客的痛点、难题和需求。随着顾客与其他顾客或和你进行讨论，你将获得消费者心目中的注意力占有率（mindshare），提高他们转向你的产品和服务的可能性。

哪些问题有洞察力？

由社交网络的问题引发的谈话，有明显的营销价值。即使它们没有这种价值，也能从中搜集到敏锐的洞察力。企业的研发部门经常花费数千甚至上百万美元在各个方案上，如焦点小组（focus group）、调查和客户营销的研究部门，以洞察他们的顾客或潜在客户的消费模式。然而，一旦你在Facebook、Twitter上建立了追随者，你便可以定期开发这些社群而不花一分钱！这些在线网络是活生生的焦点小组，你可以向你的社群提问，针对有关你的产品和服务、他们的看法和态度、他们的意见、他们对竞争对手的了解，以及无数的其他话题。我们先试着从以下这些简单的问题开始：

- 我们如何可以做得更好？
- 对于我们的产品和服务，你最好的和最差的体验分别是什么？
- 你觉得我们最近的广告如何？

渐渐地，你便可以削减花费在传统的焦点小组和研究活动上的费用，同时又多了一群几乎可以瞬间回应你问题的直接、实时的顾客或潜在顾客。

在这个高透明度的时代，通过公开提出问题来增加了解是最好的方式。但是，如果你想私下收集意见呢？即使在这种情况下，你依然可以建立一个私人的网上调查，然后通过你的社交群体广泛征求群众的参与。为了产生更好的回应速度，你应该在征求别人的时候就提出问题！"谁愿意参加我们的调查？"将比"点击这里参加关于我们的调查"会产生更好的效果。请记住，问题要倾向于自然地引出答案，但不能在语句中做出任何暗示。

引人"赞"的问题

2009年，我们Likeable Media的团队做了一项有关怎样更新Facebook上的网页会引起人们去"赞"，以及哪种发布会产生最高的参与率的研究。为了找出答案，我们研究了十个不同类型和规模的客户，连续一个月查看他们在Facebook上的更新状态。

在十个例子当中，有九个直接向粉丝提出问题的更新状态互动率，比只做信息性发布的互动率要高一些；专门谈到有关该公司而非一个问题的发布时，其参与率百分百低于整体平均水平；就实际人数而言，张贴问题或以其他方式要求及时反馈的信息参与率，是直接信息性发布的六倍；那些要求粉丝"赞"的发布，其吸引力亦达5.5倍，某个专页上，我们甚至发现"赞"的更新比网页信息性发布的吸引力高出了26.6倍。

当然，如果你只是随意地提问，内容与你的客户或产品无关，他们就不会有太大耐性与你交谈或作了解。目前的挑战是要找到问题，以鼓励你的粉丝去思考。虽然这项任务十分艰巨，但你仍需试着去问顾客他们对新产品的看法。你甚至可直接向消费者提出问题，为什么他们不喜欢你最新的产品或服务——你可能会得到一些有用的真实反馈，又或是梦寐以求的"你的一切我都爱"的评论。

如果有人同意你的品牌强调的卖点，就请求他们给你一个"赞"。最后，你的更新必须与你组织的价值观相关，也不要忘记在促进对话的同时，不要过于硬性推销！

将产品发展外包给群众

众包（crowdsourcing）是外包（outsourcing）行为的一种，进入21世纪后刚刚兴起，就是把一个原本由企业内员工执行的项目，通过自愿的形式外包给非特定的（而且通常是大型的）大众网络的做法，公开征集相当大的一群人或社群来执行。

众包有三大好处：

● 首先，你会发现最熟悉你的人——你的客户，他们会给出最好的解决问题的方案。

● 其次，你发掘了人群的智慧，正如俗语所说："三个臭皮匠，胜过一个诸葛亮"。

● 最后，亦是最重要的一点，在这一大群人中，谁都可能成为你的最新客户，你将会得到意外的收获。

众包是一个终极问题——亦即是对你的社群说："我们有一个挑战，你能帮忙吗？"

维他命水：下一种应是什么味道？

2009年10月，Glacéau有味饮料的维他命水（vitamin water），通过社会化媒体把全部的新口味和新包装设计进行众包。它向客户和粉丝们问了一个简单的问题："我们下一种维他命水应该是什么味道？"几个星期之内，数万个Facebook粉丝通过他们Twitter和博客的分享应用程序，投给自己喜爱的口味一票。而在数百人提交的包装设计中，一名女士的设计获奖并获得了5 000美元的奖金。该公司也在2010年初推出了新口味的维他命水。

Glacéau花费的这笔钱远远低于研发的成本，由于这个过程有众多顾客参与，当新口味——"连接"（connect）推出时，就已经拥有超过十万名的"内置"群众。谁不希望一个新产品在上架销售前，就有十多万人已经"连接"上了呢？维他命水其后以每年超过10%的销售额增长，这便是众包不容置疑的成功案例。

邀请妈妈当童鞋设计师

我们在第5章讨论过如何吸引大众，儿童鞋品牌Stride Rite已在Facebook.com/striderite建立了一个由妈妈和追慕者为主的强大社群。该公司在Facebook上通常以母亲和儿童为谈话主题，而不一定是关于鞋子。因此，当Stride Rite试图把话题焦点转移到鞋子的时候，它决定邀请妈妈们来设计自己孩子的鞋子，让整件事情变得非常有趣。

由于社群内的七万多名粉丝大多数不是设计师，为了此次促销，Stride Rite于2010年夏天建立了一个应用程序，让粉丝可轻易"设计"出终极的儿童运动鞋。最后，成千上万的人对数十个提交的设计进行了投票，结果，标有"Rock On"的运动鞋设计被选中后由公司生产出来，并于2011年初开始向一群积极性高、急于购买由自己社群选出的优胜者的群众销售。

这一个活动不仅让成千上万的女性感到有自主权、有机会和被关心，Stride Rite更是成功地在几乎没有花费任何成本的情况下，设计了一种保证拥有固定群众的新鞋。他们只是提问："你希望我们做什么样的鞋？"就轻松完成了这一切。考虑一下你的公司有什么可以众包的项目吧，这是让你的社群对你的产品和服务提出自己真实想法的最好机会

带动热切讨论的问题

当你有合适的项目和足够的社群进行运作时，众包工作可以做得很好。而定期通过社会化媒体提出问题，也可以使得粉丝保持兴趣和关注度。其中最重要的是要有创造力，不断创造出新点子、新机会，让你的客户感兴趣并回到你的Facebook网页，或者定期关注你的发布。你需要利用顾客不断增长的注意力占有率，让他们参与并提出有趣的问题，从而发起一场热烈的讨论。

饭桌上的话题

为了维持人们在其网上社群Facebook.com/OmahaSteaks中的交谈，Omaha Steaks不断提问。然而，就在它提出有关牛排或其他食品问题的数个星期后，社群很快就回到冷清的老样子了，Omaha Steaks希望找到一种可以引起有趣对话的方法。

我们确定，任何一顿饭，只要围着桌子就能有很好的交谈，无论是在餐厅或是在家里享用Omaha Steaks产品，甚至围绕一张"虚拟饭桌"，即社会化媒体。因此，Omaha Steaks的营销团队设计了"饭桌话题"（table talk）。"饭桌话题"是每周的专题节目，不论在饭桌上或网上，Omaha Steaks通过向其粉丝提出一些容易引起讨论的问题——主题有时是关于食品，有时则是关于牛排，但他们也会经常讨论其他议题——以引起有趣、活泼的对话。这些问题通常与一年中的不同时间或假日、季节有关，并且是以吸引Omaha Steaks核心群众为目标的话题。

这里有几个从其Facebook的页面中抽取的"饭桌话题"提问的例子：

饭桌话题"时间！我们当中有经验丰富的万圣节老手，但其他人

仍然是了无新意。那么，你或你认识的人曾经穿过最好的万圣节服装是什么？

又到了"饭桌话题"时间！秋季电视节目时间表正式开播！你最期待哪出新节目或回放哪个节目？

是时候开始"饭桌话题"了！你知道纽约市曾经是美国的首都吗？你曾经到访过大苹果（Big Apple）吗？你有没有观赏表演或只是参观名胜？来这里分享吧！

这些问题与品牌或企业正在做些什么无关，但这些问题却能引发对话，有时能在讨论中创造数百个评论。如果你是Omaha Steaks，为什么要做这么多麻烦事儿？请记住，Facebook上的任何内容，"赞"或回应愈多，愈能把该内容在"动态消息"上推高置顶，从而给人留下深刻的印象，并成功地让Omaha Steaks成为数以千计的粉丝心目中的知名品牌。

"饭桌话题"有哪些具体成果？那就是，即使没有明确地向新客户推销牛排，也已经提升了顾客每年平均购买牛排的次数。

为什么要不断发问？

如果社会化媒体是一个对话的地方，你不可能不问问题便成为一个积极的参与者。向你的顾客、潜在客户和粉丝提问，让人们议论纷纷，并让他们继续交谈，创造真实的对话。当然最理想的是，他们在谈论有关你好的一面。

在Facebook或其他社交网络中提出问题，可以帮助你的企业获得有价值的见解，降低研发成本，并可能获得即使是最了解你的人（你的顾客和潜在客户）都未必想得到的意见。众包项目允许你的社群提出终极问题——"你可以怎样帮助我们？"在你成功地建立了一个人数庞大的参加者的同时，你的社群也应经常提供一些宝贵和有趣的活动。不管该答案你喜欢与否，问题本身就能表现出你的组织对聆听答案的开放性。还有什么比提问更好的方法来吸引你的顾客在网上对话吗？

🔑 实战招式

1. 写下一个顾客经常谈论的主题列表。请记住，当你进行"头脑风暴"（brainstorm）的时候，没有什么是错的。尝试写出与你的品牌或企业有关的话题，也写出一些与你的品牌无关的话题。你的顾客喜欢谈论什么？什么可以让他们产生一次热烈的讨论呢？

2. 根据你的顾客讨论的话题，写一个问题列表，这些问题是可以公开在Facebook、Twitter或者微博上公布的，从而促进有趣的讨论。

3. 你会向粉丝提出什么问题来洞察他们的需要？你又可以怎样更好地服务你的顾客？如果你的组织在过去曾做过市场调查、考察或焦点小组测试，你可考虑如何把这些结果汇总成一幅社会化媒体的路线图。

4. 你有什么项目可以在网络上众包出去？确定是否有任何设计，如新产品和新包装需要更新，或者其他可以公开请求你的顾客和粉丝帮忙的机会。

策略10 🔑 搜集顾客意见

策略11
免费发放有用的信息

> **分享你的专业知识，不带任何宣传的味道，可以为自己创建更好的名声。**

"对不起，戴夫，我们素未谋面，但我想介绍一下自己。"在纽约举行的一个大型社会化媒体研讨会上，迈克尔拦住了我，自信地说："我只是想感谢你和你的公司为我提供了巨大的帮助，所有由你在社会化媒体中分享的网址、资源和小秘方，以及你在过去一年当中写的文章，对我都非常有用，我最近已经创立了我自己的社会化媒体公司，这一切都是从你身上学习到的。再次感谢你，戴夫。继续努力，我会关注你的！"

起初我很震惊，我一直凭直觉认为，在Facebook和其他以在线方式免费提供的有用信息中，我们都可以展示自己的专长和诚信，树立名声，成为"思想领袖"，但竟然有人厚着脸皮告诉我，我和公司提供给他的免费信息，足以让他自行创业，而且我们还是同行，这多么不公平！我怀疑我的基本理念，即赠送了很多本应该卖出的东西，去帮助他人建立信誉和信任，并让市场有机会把我们的信息传播开去。也许我一直都错了，从自我获利方面而言，我是一个不合格的商人。

幸运的是，仅仅在研讨会的三天后，我接到了一个电话，帮助我再次确定了我的基本理念，继续在线分发有用的内容。这通电话来自一家企业的主要决策者，她直截了当地讲出了重点：

策略11 免费发放有用的信息

▶ 133

"你好，戴夫。你不认识我，但好几个月来我一直留意你们的Facebook、Twitter和你的博客。我刚刚看到你的员工写的一篇优秀的博客文章，就一直想给你打电话。我们需要一个社会化媒体策略和计划，也会做一个需求建议书（request for proposal，RFP），但说实话，我知道我们想与你合作，因为在过去的几个月中，我已经通过你的文章和分享知道了你们的主导想法。我们的预算是20万美元。我们什么时候可以开始这项合作？"

我们连续数月免费提供有用的信息，可能给了竞争对手向我们学习的机会，甚至催生了新的竞争者。但同样，分享内容也逐渐建立了我们的声誉和信誉，让我们能够吸引潜在客户并获得实际项目，而且我们没有任何寻找顾客的销售压力。如果不是我们免费分享数据，那么拥有20万美元项目预算的来电者就不会知道我们的存在，也肯定不会联络我们。

不要求任何回报

你向粉丝和追随者分享的内容愈有用，你建立的信任和声誉就愈大。分享你的专业知识，不带任何宣传目的，可以为自己创建一个更好的名声。

例如，你代表一间会计师事务所写博客文章，在Facebook和Twitter上分享"来年十大省税策略"，如果你在文章结尾处说："想获得更多节省税款的帮助，请打电话给我们。"这将会十分具有吸引力。在展示你专业知识的同时，不要要求任何回报。如果有潜在客户想得到更多的帮助，我保证他很快会从你的网站中找出联系你的方法。如果你担心没有足够的空间去写清楚，你可以写较短、更为明确的文章。"十大"的文章很容易变成系列的十个部分，你可以在每个策略上自由发挥，例如，十大实例或理由。

其实，你不一定要写文章来展示专业知识，写文章有时很耗费时间，也没必要。你只需寻找有用的网上文章，将之分享给你的社群，为目现有和潜在的客户创造价值就可以了。该资料不必出自你的手笔，你只要提供数据来源就可以了。

让潜在顾客了解你

尽管我们分发的内容足以启发别人去开展自己的社会化媒体业务，但你通常很少会发放那么多信息，让它们不假外求。会计师可以分享一般税务咨询，律师可以讨论新法律的影响，顾问可以帮助你明白管理之道，医生可以为你提供健康信息和小秘方。但最终，无论人们发现你的研究、技巧和文章有多么宝贵，但他们不是专家，不会通晓你的专业领域以及你的具体做法。因此，在他们需要帮助时，便有机会购买你的产品或服务，这时候你便可从你提供的免费信息中获利了。

不断提供丰富的内容，日积月累，你将不需要再做广告，因为基于你的分享，你的社群早已知道你有多么厉害。而当你的社群想购买你的产品或服务时，他们甚至不需要通过看广告去寻找产品，他们甚至不需要谷歌（Google）搜索就能找到他们要寻找的东西。他们已经自觉地了解你、信任你、喜欢你，所以自然会找你解决问题。

分享有趣、有用的文章

文章不再单纯是专业服务公司的写作和分享。现在，每家企业和品牌都可以发表文章，不论在企业内部或在博客、Facebook页面上。同一时间，每家企业和品牌可以在其整个社群内收发有用的信息，基本上，你只要点击一个按钮，就可以发布大量并且有用的信息，而这些信息更有机会被数以百万计的用户看到。

风险投资家威尔逊（Fred Wilson）曾表示，链接是社交网络的基本经济面。一旦通过这些网址产生链接后，你的观众将以倍数增长。写作和分享优秀文章可为你的社群提供有用信息。如果你经营食品公司或餐厅，你可以分享好的食谱；如果你营销服装品牌，你可以分享时尚潮流的文章；酒店或航空公司的员工可以分享旅游小秘方。最重要的是，你要考虑到目标群众：如果你是消费者，你会希望获得什么？你希望企业提供什么信息？提供他们觉得有用的文章。

请记住，不管你销售什么，都不应该在社交网络上直接推销产品。相反，你要推销你的专业知识、声誉和信誉。而且，你不要试图以文章换取回报，而应该全部免费送出。你会因此成为某一个领域的思想领导者，或者成为市场上经验最丰富的专家，顾客已经相信了你的产品或服务，你已不再需要推销任何东西。这些成果，是否值得你回味呢？

分享游戏或视频

虽然文章是一种能够有效传播大量信息的方式，但其他的策略也同样有用。作为B2B（business-to-business）组织，也许你想写白皮书（white paper）[①]或分享研究成果。作为消费品牌，你可能想设计一个有趣的游戏、一本使人发笑的漫画、一个手机或Facebook的免费应用程序，以上这些都是可以提供娱乐和实用价值的。需要注意的是，开发自己的网络游戏或应用程序的成本非常巨大，比写一篇文章的风险更高。

通过录像来提供有用的内容是另一种方法，你可能会发现，录制一段60~120秒长的视频，谈论自己如何做事情或任何其他内容，比传统地在网上发表文章更容易。对许多人来说，拍摄影片比写作容易，还有一个额外的好处，是它能比文字更好地展示个性。以下是几条用于视频内容的简单指导方针：

1. **使用手提式摄录机**（flip cam）。我们通常没有理由浪费金钱在昂贵的设备上。
2. **保持简短、亲切**。人们在线的注意力很短，大多不超过两分钟。
3. **无处不在地分享短片**。在YouTube、Facebook和微博上分享，考虑使用如网络视频广告巨头TubeMogul的服务，让大家在数十个不同的平台上分享你的影片。
4. **尽情享受**。这会呈现在你的最终产品上。（如果人在镜头下表现得不舒服或焦虑，都会呈现出来。）

无论你决定使用什么媒介，你想的内容和作用可以要多简单有多简单，或者要多复杂有多复杂。然而，主要的准则是你要提供一些有用的东西给你的顾客或社群，而且真诚地不求回报。

---

① 白皮书通常是指由官方制定发布的阐明或执行的规范报告。这里指企业发布的说明。

创作和分享有用的内容，将为你带来良好的声誉和回报，但这必须通过日积月累的持续努力和承诺才能达到。试想：当你第一次接触一家新公司或作者时，你是否会立即信任他？不。日久接触后，他才可能赢得你的信任。社交网络也是同一个道理。不幸的是，许多企业试图发布有用的内容，但当没有实时回报时，它们便会放弃。成功的企业必然有长期的承诺，定期向社群提供益处；而那些投入最少时间和努力的企业都将失败。

5%的折扣是侮辱

也许因为营销人员长年使用"优惠券"、"特价优惠"等等词语，我们已经潜移默化地把优惠券和折扣等同于"增值"。事实上，电子邮件作为一种营销渠道，它的有效性很大程度上依赖给顾客发送的产品和服务优惠券，不论公司卖什么，都希望优惠券发送到人们的信箱时，可以激发他们的购物兴趣。问题是，电子邮件附送优惠券，是"增值"还是营销伎俩？ "增值"优惠(valuable offer)和营销优惠(marketing offer)是有区别的，别搞错了。

10%的折扣不是一个真正的"增值"优惠，只是营销优惠；5%的折扣可以说是侮辱；15%的折扣能否被视为"增值"优惠，取决于你的群体和产品。提供5%或10%的折扣，在大多数消费者眼中并没有多少"增值"。

优惠券能否提供真正的"增值"？当然，免费礼品永远是最受欢迎的。购物时，送你免费下载的游戏、试用装或礼品，皆大欢喜。如果你是不希望被视为"十元店"或"打折"的品牌，购物时免费送礼品是最好的折中办法。否则，打50%或更高的折扣，才能令消费者感觉到真正的"增值"。虽然许多公司不希望在其产品或服务上打50%的折扣，但越来越多的企业已采用奖励忠诚顾客的计划，并利用社交网络的舆论来吸引新顾客。

Groupon、LivingSocial，以及许多"团购优惠"公司的做法很简单，只要有一班人承诺购买，并达到最低人数，公司便会为顾客提供50%或更划算的折扣，这就是薄利多销。

例如，假设制造某部件的成本是9美元，而你通常会卖20美元，边际利润是11美元。如果你的部件有10%的折扣，你可以卖18美元，还有合理的9美元利润，也许能比平常多卖一点；但如果有100人同意提前购买你的部件，就享有50%的折扣，你每个部件仍然可以赚取微利，加上顾客与朋友在社交网络上分享"交易"经验，对你的产品认知亦会提高。这就是吸引客源的模式，能做到真正的多方共赢。

持续分享的成功个案

每家企业都应在社交网络上为粉丝和追随者提供宝贵的内容，当中有许多企业已经这样做了，以下是几家企业持续分享有用信息的成功例子：

连锁餐厅　分享好味道的食谱

连锁餐厅Applebee's的厨师团队广受欢迎，他们每周分享视频，教你如何做喜爱的餐厅菜肴。视频能让食谱生动起来，犹如厨师在家中，和你一起主演他们的烹饪电视节目。数年前，许多餐馆担心分享专利食谱后会对销售额有影响，但现在Applebee's和其他很多餐厅都会定期这样做。新贵餐厅会不会偷取食谱来竞争？当然不会。相反，这让群众感觉他们与餐厅更接近，他们兴奋地在家里尝试食谱，然后带家人到Applebee's互相比较。

地产商　分享房地产信息

总部设于纽约市的基本设计（Essential Design and Real Estate）是一家室内设计公司兼地产发展商，它并不费力迎合大众市场，相反，它更希望寻求一个特定群体——纽约高档住宅的业主和拥有独立产权的公寓（condo）、合作公寓（cooperative）的房地产公司。

基本设计公司从分享有关房地产行业的最新文章、法律修改和有关法律的分析中建立自己的价值，因为这些均可能影响到它的目标客户：富裕的纽约人和地产发展商。在没有雇用或接触基本设计公司的情况下，目标群众能否得到信息并使用？竞争对手会否取用文章，并转为它们自己所用？当然可以，甚至几乎肯定会这样做。然而，即使只有一小部分的潜在客户因为欣赏这些信息而联系基本设计公司，这已为这家公司的投资提供了巨大回报——价值数百万美元的生意。

搅拌机公司　自制搞笑短片

如果你还没有看过Blendtec视频，而你又正在电脑旁边的话，你要放下这本书一会儿，到YouTube.com/Blendtec看一看。Blendtec是世界上最强的搅拌机制造商和分销商，销售对象包括餐馆、办公室和家庭。

Blendtec不仅制造出色的搅拌机，它在娱乐方面亦同样出色。它制作的每一个短片都会问："可以搅拌吗？"并以试图搅拌一些你从没想过的东西为特色：iPod、iPhone和高尔夫球棒……这些都只是冰山一角。它的影片没有试图出售搅拌机，亦不提供任何有用信息，只是提供无伤大雅的幽默供人娱乐。

但这无伤大雅的娱乐却使得Blendtec——一家小型搅拌器公司，长期成为YouTube最受欢迎的企业之一。数以百万计的人看过它滑稽的视频，其中有数以千计的人观看后购买其搅拌机。警告：若不是表演者并尝试制作病毒式传播的视频，99.9%的公司将会失败。若你真的能提供娱乐，这当然最好。否则，请你找出另一种方式为你的社群提供服务。

家具店　分享家居设计灵感

Raymour & Flanigan是一家区域性的家具店，有数十家商店遍布整个美国东北部。它花费大量资源来创造围绕家居室内设计的东西，而且每个星期都会通过社交网络分享照片和视频，谈论大城市，如纽约、波士顿及郊区各种房屋类型的装修方法。Raymour & Flanigan并不积极尝试出售其家具，只是在Facebook.com/RaymourandFlanigan分享它的想法。它发布的视频和图片，会不会刺激人们在其他家具店订做家具、装修客厅？答案是肯定的，因为Raymour & Flanigan并不是最便宜的家具店，所以很多人可能会想："我喜欢这个样子，但在别的家具店购买，价格会更便宜。"大家可能在得到Raymour & Flanigan的想法和灵感后，在其他地方购买，但总有些人在照片和视频中看到华丽的房间后，明确地说："我希望这样，正是如此！"并最终直接从Raymour & Flanigan购买。

每日一"博" 分享专业知识

早在2007年我们开设公司后不久，就想写一个博客，分享专业知识和我们的观点，以便在社会化媒体和网络营销方面创造与分享有用的内容。尽管这一举措令公司的一些同事感到失望，我仍然坚持将博客名定为"Buzz Marketing Daily"（口碑营销日报）。员工们内部争论："如果你的博客名称为'日报'，言下之意就是你想让我们每天都更新内容。如果我们跟不上呢？"

"我们不是一份报纸，我们是一家营销公司。"还有人这么说。

三年后，博客名已更改为"Likeable Content Daily"，但仍然能够信守每个工作日发表一篇新文章的承诺。更重要的是，我们的博客成为世界上被最广泛阅读和分享的社交媒体营销博客之一，亦是企业新业务发展的来源之一。

不要期望实时回报

企业致力于为顾客和潜在客户提供帮助，同时希望在销售上得到实时回报。社交网络的挑战，就是要弄清楚如何提供有用的内容——信息、娱乐或应用程序，而不期待有任何实时回报。当你免费分发内容的时候，总会有人不想成为你的顾客，但即使如此，谁知道他们哪天会成为你的顾客呢？其他的潜在客户将欣赏你所提供的内容，并与他们的朋友分享，变成你的顾客。

⚷ 实战招式

1. 通过"头脑风暴"，写下所有你认为可以为目标群众提供的有用的内容和方法：什么最能帮到你的顾客？是信息、娱乐、功能，还是以上都有可能？

2. 写下你的企业最能胜任的计划，从而为你的群众在社交网络上提供有用的内容。这些内容是通过你写的博客文章、视频、游戏或应用程序发布，还是基于一个你特别设置的主题，通过在网上仔细寻找有趣和有用的内容来分享？

3. 发布几则你认为顾客会觉得有用的内容。在Facebook或其他社交网络上分享内容前，找一两个朋友来测试内容。他们觉得值得吗？同样重要的是，他们把内容看成是纯粹的帮助，还是你组织的广告？

4. 确定你的企业模式是否适合在产品或服务上提供高折扣，并通过团购的方式确保销售额的增加。这种模式并不适合每一个人，但可以为顾客提供帮助，同时确保你的企业得到可观的回报。

有趣的故事是社交的本钱

It was a dark and stormy night...

> 你需要润饰企业有趣和快乐的故事。然后，找出在社交网络上最能有效展示故事的方法，让别人欣赏并分享。

魏斯（Matthew Weiss）是纽约888红光（888 Red Light）交通事务律师行的创办人兼行政总裁，他有一次告诉我："我有个客户叫杰克，被控于深夜时分于纽约海洋公园大道（Ocean Parkway）靠近长滩(Long Beach)处，以每小时140英里行驶在限速55英里的区域。当他被一名拿骚郡公路的巡警截停时，他正驾驶着一辆保时捷Turbo Carrera。"他继续说：

与杰克第一次讨论案件时，我告诉他要带上他的牙刷一起出庭。他问为什么，我解释说，他可能要到拿骚郡的监狱签到。你看，在纽约，交通法院可以判处超速驾驶者长达30天的监禁时间，我们第一次出庭便已清楚地知道这不是一张普通的传票。拿骚郡交通违法停车署每天处理逾300宗案件，其中不少都是超速罚单，但如此高的超速非常罕见。一名疲惫的法院人员在看到杰克被控的罪名时，立即惊叹地吹起口哨。

我们别无选择，只好出庭抗辩，因为法院不能以"认罪减刑"（plea bargain）来为超速逾每小时31英里或以上的案件答辩（更不用说如杰克已经超出上限85英里）。准备审讯时，杰克向我解释案件的细节，他坚决认为他是不会以每小时140英里行车的。讨论如下：

杰克：我肯定不会以每小时140英里的速度开车的。

我：你确定吗？

杰克：没错，我绝对不会以这种速度开车！

我：但是有关人员作证，你就是以这种速度行车。

杰克：他百分之百错了！

我：那么，你怎么知道他是错的？

杰克：因为我其实是以每小时160英里的速度开车的！

毫不犹豫，我回答说我绝对不会让他在审讯中作证。

幸运的是，在有力的抗辩下，通情达理的法官允许杰克以罚款和扣分了事，不用服刑。但显然，杰克的解释——以每小时160英里行车（而非以每小时140英里行车），是我见过的最有趣的罚款传票"抗辩"之一。

魏斯的这个有趣故事不只是告诉了我，更通过他的博客——"交通事务律师的自白"，告诉了成千上万的人。自2009年以来，此博客每周更新一次，据魏斯所说："我已经拥有了最好的说故事的工具。"魏斯把每年业务22%的增长都归功于他利用博客、Facebook和Twitter来说故事。

公司有什么特别故事？

2005年底的某一天，我坐在一个小餐馆，与未婚妻嘉莉谈论婚礼的筹备工作。我一直是个外向的人，希望有一个盛大的婚礼，希望尽可能与所有的朋友分享我的大日子，但在纽约办婚礼是非常昂贵的。我们在营销和促销活动上都拥有大量的工作经验，于是嘉莉就想出了一个聪明的想法：把我们的婚礼办成一次促销活动。

我们都是超级棒球迷，所以打电话给美国职业棒球小联盟大都会球队（Minor League Mets）——布鲁克林旋风（Brooklyn Cyclones），并竭力游说它在赛事结束后，让我们在本垒上结婚的念头。我们会确保赞助商支付婚礼费用，而每个赞助商都会在比赛前和比赛时推广产品，届时赞助商和布鲁克林旋风很可能会受惠于一场有5 000名婚礼嘉宾参与的棒球比赛。

布鲁克林旋风很喜欢这个建议，并愿意给我们一个出镜的机会。花店1-800-Flowers.com也很喜欢，还为婚礼提供了鲜花。然后皇冠伏特加（Smirnoff）、David's Bridal和其他数十家公司都参加了我们的婚礼。2006年7月，我在有接近500名亲戚朋友和5 000名陌生人参与的奇妙婚礼上，娶了我的太太（见图12.1）。我们用筹得的10万美元赞助费支付开支，并捐献了2万美元给多发性硬化症协会。

图12.1　嘉莉和戴夫在千人见证下结婚

这场婚礼引起了极大的反响。我们的赞助商以及我俩均出现在《纽约时报》（*New York Times*）、美国财经有线电视卫星新闻台（CNBC）、美国哥伦比亚广播公司（CBS）的"早晨节目"（Early Show）和美国广播公司（ABC）"今晚世界新闻"（World News Tonight）以及其他数百个媒体渠道上。最后，我们不仅拥有了一场梦想中的婚礼，更办了一次梦想中的推广活动。

婚礼结束后的数个星期，我们开始收到婚礼供货商的电话，为它们收获的推广成果和口碑表示感谢，并问我们下一步准备怎么做。既然我们不能再结婚，就决定开一家以口碑营销为概念的公司——theKbuzz——如今被称为Likeable Media的公司就此诞生了。

讲述公司起落的传奇故事

当你听到一家企业如何诞生，一个机构是如何影响客户生活，或是一群员工或合作伙伴的独特经验时，你都会对该企业产生一种情感上的联系。社会化媒体，特别是博客和在线视频，可以帮助你与你的顾客、潜在客户和全世界分享你的故事，并进一步建立强大的联系。过去向群众讲故事是昂贵的，只能通过电视广告或由公关经理向主要的报章竭力游说而完成。现在，通过社会化媒体，讲故事是免费，或是接近免费的。

律师、企业家兼博客写手魏斯（Matt Weiss）说："人们喜欢听故事，就像回到原始部落的时候，我们习惯围着篝火坐下聊天。有了社会化媒体后，消费者便可以完全控制时间，如果你不够迷人，随时都会失去这群消费者。我以故事为传播媒介，引起人们的注意，并且得到持续关注。"

每家企业至少都有一个故事可讲，而大部分企业有很多的故事可讲。试问自己以下问题，开拓一下视野：

- 你的企业是如何成立的？
- 你是如何度过最艰难的时期的？
- 谁是你的重要顾客？
- 多年来，有什么搞笑或有趣的事情发生在顾客或员工身上？
- 员工到你的企业工作后，他们的生活有了什么改变？
- 你的企业或其员工支持怎样的慈善机构？

故事能把品牌人性化，让品牌不论在线还是离线的时候，都可以侃侃而谈。故事可以用文字表达，但大多数还是以照片和视频表达更好。照片和视频可以由顾客、员工和管理层来讲述，只需要做到真实可信就可以了。

如何开始讲故事

无论你的企业今天有多大的规模，最初开始时，它只有你这个创办人或只有一群有梦想和计划的创办人。每个机构都有其卑微的起点，所以提醒自己，当你接触顾客时，要让他们以为你的小组是不露面的、巨大的，或者是"企业化"的。

你可以花数百万美元的广告费做一个电视广告，让世界各地的人知道你的企业如何开始或如何制作华丽的全彩小册子，并且邮寄给他们；你亦可以利用你的网站、博客或任何社交渠道在线几乎零成本地讲这个故事。

你为你的客户做什么

如果你分享的故事内容，少提及你自己，多提及你的顾客和他们与品牌之间的情感体验，你将成为大赢家。试想你的顾客该如何从你的公司得益，从而数量不断增长，对他们而言你又算什么呢？他们觉得你的产品如何？请记住，这不是关于你，而是关于你的顾客的故事。

2009年，我参加了一个口碑营销协会（Word of Mouth Marketing Association）的会议，讨论的题目是"创造是值得炒作、值得分享的客户体验"。一个女人站起来说："我在一家贮藏库工作，乏味至极。"另一人却举手说："老实说，贮藏库巩固了我的婚姻。我保留一切东西，但我妻子却扔掉所有旧东西。如果没有贮藏库，我很难做到眼不见、心不想，很难保留我所有旧的棒球明星卡片等儿时宝物，我和我的妻子会相处得更艰难。"

大家都笑了起来，但同时却把它铭记于心：一个人认为无聊的事情，可能对另一个人却意义深远。任何成功的企业都有很多快乐的故事激发顾客去分享，不管他们做什么都好。无论你是什么企业或销售什么，某种程度上说都是解决人的问题的。你只需要想一想，当你的顾客遇到问题时的感受，以及你的产品或服务如何能真正帮到他们。顺便一提，该贮藏库"额外空间"（Extra Space），在Facebook上现已有超过一万名粉丝。

一个员工　一个故事

好故事的第三个来源是企业的员工。他可以是高级行政人员，也可以是收发室的某个人。这个人可能在工作上一路扶摇直上，既有时间到学校进修，又有能力养家；可能在生命中克服逆境后，成为你的企业团队中高生产力的成员；还可能只是某位在服务客人时经常面带笑容的员工。这些人本身就是一个故事，或者以上内容加起来成为一个故事。

你的企业，不管卖什么或提供什么服务，其背后都有人的存在，每个人都有故事。你需要找到令人信服的故事，并通过社会化媒体将之分享。2009年8月，Facebook的粉丝社群弹出"我爱玛丽@麦当劳／钱德勒"(I Love Mary@McDonalds/Chandler)（见图12.2）。

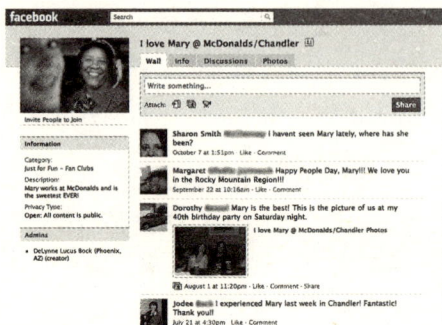

图12.2　在麦当劳工作的玛丽

该社群以描述"玛丽是麦当劳有史以来最可爱的员工"的文字和一张玛丽的照片作为号召。稍后便有数十个留言板发布的信息和逾1 400名粉丝加入，该社群仍继续壮大，不断有新的评论出现，如："我今天刚刚认识玛丽！没错，她就如同大家所说。她称赞我的眼睛，我希望每个人都喜欢她。"

一段影像胜过千言万语

你应该听过这样一句话："一幅图片胜过千言万语。"当你在线讲故事时，图片和照片就成为了令人难以置信的强大工具。Facebook之所以在过去五年间有爆炸性的增长，最大的原因就是它的照片功能令人上瘾，因为人们天生爱查看和分享那些被"标签"的事物，包括他们自己和朋友的照片。

作为一个企业，你应该利用这个功能，在Facebook或微博上标记和分享顾客、员工与管理层的照片。许多Facebook网页表彰"本周粉丝"，例如，以顾客的图片诉说他的故事。除了能使这位粉丝感觉特别外，其他精选的粉丝亦会选择分享给他们的朋友，从而增加页面的自然病毒式传播力。

除了珍贵的照片外，应该没有什么能比视频更好地讲故事的工具。30秒至两分钟的在线视频能够吸引观众，通过使用手提式录像机拍摄员工、顾客和高级管理人员的短片，来分享他们的故事。如果你在这三个类别中找五个人拍摄30秒的视频，你很快就会有至少几个可用的视频分享到Facebook、YouTube和你的博客上。

在企业网页分享视频的特点是：你要给网页一个"赞"才能够点击里面的视频，点击"赞"后就可以在任何时候观看。所以当你遇到一个好的讲故事的视频，并想将之分享给你Facebook上的朋友时，那么你Facebook上的朋友就有机会链接到该企业了。

当没有天作之合时，创作一个故事

你应该可从以下三类中得到很多好的故事分享：你的企业如何成立、员工经验和顾客体验。但是，如果你在一个高度管制的行业里，如金融或药剂业，或者你无法找到可以与消费者有情感联系的故事时，就可以随时通过活动和伙伴关系创作新的故事。慈善伙伴关系、赠品和促销都是创作新的社交故事的好方式。不过，请记住，如果这些故事不关乎客户的体验，那就算不上吸引了。

2009年，摩根大通（JP Morgan Chase）是第一家在Facebook上建立自己慈善故事的大企业。在一个名为"大通小区贡献：由你做决定"（Chase Community Giving: You Decide What Matters）的计划中，它给Facebook用户一个机会，通过投票的方式来支持Facebook用户所在地的慈善机构，同时鼓励他们Facebook上的朋友们照样来做。用户从超过50万个营运预算低于1 000万美元的慈善组织中选择，这些非营利组织均在各自的社群里有着良好的工作，并产生了巨大的影响，但却没有足够的资源到处游说以便获得资助。

该计划获得了空前成功，赢得了数百万名Facebook的支持者，并引发了数十万有关摩根大通的对话。此计划之后，数个大品牌亦纷纷仿效这项慈善投票计划，用创建故事的方式来推动社交轰动效应。这是一个比较安全的做法，因为它创造了值得讨论的正面故事，而几乎没有人会对该品牌发表负面评论。但是，从长远来说，其影响力可能不大，因为谈话的核心并非顾客体验与公司的经验。换句话说，就算银行在Facebook中赠送数百万美元，也无法弥补如超额收费、反应冷淡、不良的客户服务等情况造成的后果。

故事不拘新旧

不论你的企业是大是小，是新是旧，是完善还是默默无闻，通过社交网络讲故事，将有助于你的组织去吸引顾客关注。即使你的品牌已经说了多年同样的故事，你只要把这个故事放在网络上并加入社会化媒体谈话中，你就能为它注入新的生命力；如果你的品牌是全新的，那就围绕你的企业创造一个新颖的故事去吸引客户吧，甚至可以邀请他们成为叙事的一部分。请看以下两个例子。

新品牌如何创作故事

Facebook的新手如何了解Mrs. Pinkelmeyer这个人物？

你好！我的名字是Mrs. Pinkelmeyer，与我的小狗Moopus McGlinden同住在英国的伯明翰。我只是一个普通女人，却遇上了不寻常的事。

某天晚上，当我正在煮美味的烤牛肉时，电话响了起来。这是一位年轻的女士从纽约市打来的！你能想象吗？可怜的是，她感到心烦意乱，因为正在照顾她的侄儿——亨利，而他的父母却在度假。我在电话里听到孩子的哭声。这位年轻的女士告诉我，亨利很伤心，因为他挂念他的父母。

听起来他像是一个可爱的男孩，我当场决定尽我所能使他振作起来，即使Moopus McGlinden正在咬我的高跟鞋。我告诉他，我正在煮美味的烤牛肉给Moopus和我，问他是否也喜欢烤牛肉。他笑了，咯咯地笑，听起来是那么愉快，我禁不住唱起了我最喜爱的歌曲给他听："Mrs. Pinkelmeyer发送她所有的爱跨越大地，把你的皱眉变成眉开眼笑，她会让你快乐。"

我能让年轻的亨利发笑，实在太令人高兴了，我决定越过海洋，传播更多的欢乐给美国所有的孩子。我已经迫不及待地开始了！Moopus和我会给你一个大大的拥抱和大量的爱，教你跳Pinkelmeyer舞和"令你快乐"。现在，我只要保持我的丝袜不掉下来，Moopus不陷入麻烦就可以了。

当你首次进入Mrs. Pinkelmeyer的Facebook页面时，你就会看到这个故事，对成年人来说这可能是无聊的。这是一个细小但不断成长的品牌，为孩子和他们的父母提供书籍、玩具和音乐。故事令人物生动起来，当人们首次遇到Mrs. Pinkelmeyer时，就已经有数百人"赞"此页面了。这些故事通过Mrs. Pinkelmeyer在Facebook和她博客的"每日更新"里延续下去。粉丝回应并订购其产品，并帮助小企业在MrsPinkelmeyer.com里创造销售，却没有花费分毫在传统的市场营销或广告上。

健力士的传奇故事

健力士黑啤酒（Guinness）绝非一家小企业，但一直是一家擅长于讲故事的企业，这就是你为什么知道在250年前，健力士（Sir Arthur Guinness）在爱尔兰的都柏林酿造了它第一罐啤酒的故事。这些年来，健力士的历史故事已经通过神奇（即使昂贵）的电视广告、口碑、亲善大使活动，以及许多其他营销活动来告知人们。

如今，这些故事通过Facebook、网上视频来告知人们，在Facebook上发布最新活动，如在过去两年的9月23日都举办了"阿瑟·健力士日"，有来自世界各地超过十万名的粉丝一同庆祝。健力士的故事将继续到处与消费者分享，只是现在它不需要花费在电视广告上，而是在社会化媒体上。这样做至少能降低营销成本，产生即使不会更好但至少相同的效果。

你的故事是什么？

你是否有一个清晰的故事？你需要润饰企业有趣和愉快的故事。然后，找出在社交网络上最能有效展示故事的方法，让别人欣赏和分享。如果你使用令人信服的形式来分享品牌的故事，保持与顾客的联系，你可以预期，这个故事将在社交网络中有个非常圆满的结局。

🔑实战招式

1. 写下企业成立的故事。发表你对品牌的创立故事知道多少，你如何包装这个故事，并在社交网络上进行分享。

2. 研究企业的其他故事，因为你的观众可能有兴趣。创造你觉得整个世界都希望听到的客户体验、独特的员工和社群参与的名单。

3. 确认如何好好分享你的故事。例如，你会用博客或网络视频吗？你会专注于Facebook、Twitter和微博，还是集中部分社交网络，让你的故事能更好被接收？

4. 决定如何为你的企业创作新的故事。你可以用哪些伙伴关系或慈善活动来帮助你推动故事呢？

策略13

鼓励粉丝分享故事

> 与顾客在一个更深刻、更感性的层面联系，将会更容易激发顾客与亲友分享你和他们之间的故事。

2008年11月16日，@ MeshugAvi的一则信息（tweet）引发一个来电，我和妻子被游说参加一个即将举行的社交媒体资金筹集活动。该计划当时仍在筹备阶段，但听起来令人相当兴奋：人们会被要求在Twitter上分享他们在感恩节所感谢的事物，并将有机会捐赠给活动背后的非营利机构——Epic Change。此非营利机构似乎很好，它的任务是以讲故事的形式来支持贷款给有需要的人。在这个感恩节的活动上，他们希望利用筹集得来的资金支持露西妈妈———个坦桑尼亚的养鸡户及其所创办的学校。

除此之外，该项目的领导者、Epic Change创始人蒙克（Stacey Monk），也是很友善、很有想法的人。因此，我们主动以口碑和社交媒体营销相助，开始向蒙克了解细节，并把计划称之为"TweetsGiving"（推特感恩节）。Epic Change打算用48小时执行计划，为美国的感恩节铺路，这距离我们第一次与组织者蒙克和卡普兰（Avi Kaplan）的讨论只有七天。我们一起仓促地制作网站，并计划通过Twitter和Facebook发布消息给有影响力的人，希望他们与我们一样因这个项目而感到兴奋，不仅分享他们关于感谢的故事，同时也把信息传给网上的朋友和追随者。

TweetsGiving进展很顺利，并成为首次就获得成功的社交媒体募捐活动之一。2008年的这48小时内，成千上万的人知道了露西妈妈的故事，并通过tweets、Facebook的信息、博客和视频来分享自己有关感谢的故事。参加者向他们的朋友和家人、同事和员工、学生和老师，以及任何对他们重要的人表示感谢。看到这么多人在短短140字的内容里分享故事，实在令人惊异，比如"妈妈，感谢你为我所做的和给予我的一切东西。请安息吧，永远最伟大的妈妈。#tweetsgiving。"

数以百计的人捐款给他们一周前还没有听过的组织，1~100美元不等。短短48小时内，TweetsGiving在网上筹集了1.1万美元的捐款。对于一个没有捐助者、联络数据以及潜在客户数据库的组织，要在七天内从零开始并完成整个活动，这是一次难以置信的成功。

由于有较多时间筹划，TweetsGiving 2009项目在48小时内共筹得3.5万美元。此活动在2010年筹到了更多的钱。该项目的成功，展示了社交媒体能够迅速并广泛宣传事件的巨大威力，同时亦无可置疑地显现出利用社交媒体激发人们分享故事的力量。

故事分享　更快更远

对比在社交网络中分享企业的故事，唯一可以做得更好的，就是鼓励你的顾客和粉丝分享他们的故事。TweetsGiving不是因为它自己的故事，亦不是因为它的不可思议而如此强大，而是因为它引发了成千上万的故事。其实，激励你的顾客分享他们的故事，对社交媒体来说并不是什么新鲜或独特的事情，这种想法一直都是口碑营销的关键，社交媒体只是让这些故事比以往任何时候传播得更快、更远。

即使在五年前，如果你想告诉朋友你在企业的经历，你会打电话给一两个朋友，与他们在电话里聊天。如果你有特别的想法，可能会跟五六个朋友分享。今天，如果你想告诉别人关于你的企业或产品，你可以更新你的Facebook或者微博，只需点击一下，分享一个故事或信息给数十个甚至数百个朋友。从本质上来说，这与五年前并没有太大区别，但在传播信息给群众的速度和规模上已经提升了很多。

激发产品的热情度

原来，最有效激励顾客向别人提起你的方式，是需要有炒作、健谈的产品和服务。作为一位顾客，这些产品或功能能够真正让他们大叫"哇"（Wow）或其本质可以令用户产生激情。以Facebook本身为例，它在短短五年间从数百个用户增长到数亿个用户，不是因为任何高明的营销手段，而是因为它有奇妙的产品，让人们喜欢并继续传扬开去。事实上，2010年，当Facebook上的用户数目达到五亿时，它开通了Facebook故事频道（Stories.Facebook.com）来庆祝，让人们分享如何使用Facebook重新联系久违的朋友、与高中时的情人团聚的经历。

即使你自己并没有着迷于苹果（Apple）的产品，想必你一定知道有一堆人是苹果的忠实信徒。他们写关于苹果的东西、分享关于苹果的故事，部分人甚至唱关于苹果的歌。同样，这些粉丝和追随者称赞该公司，并不是因为苹果的任何营销举动，而是因为它的产品和功能可以激发热情、忠诚的客户。产品只是其中的一部分。以Zappos.com为例，它是一家卖鞋的网站，但是任何曾经在Zappos.com订购产品的人都知道，它并不是真正卖鞋，它卖的是其优质的客户服务，卖的是令人惊讶的通宵送货和免费退货服务，卖的是幸福，而且激发人们每天直接或间接地分享他们与Zappos.com有关的故事。

你的企业有没有任何产品和服务有"Wow"的因素？你的企业有没有做过一些让顾客大吃一惊并促使他们告诉朋友或几百个网络上的朋友有关你的事？如果没有，你又可以做什么增加制造"Wow"时刻的可能性？

鼓动头号粉丝　分享经验

虽然大多数人都认为在社媒体上发布消息是值得的，但实际上并不是每家公司都能如Facebook、苹果和Zappos.com般，激发所有的顾客。那么，我们就要找出一个最受你启发的顾客，想想你能为他们提供什么，然后，你需要给他们提供工具和机会去分享他们的故事，社交网络本身就可以让故事传播得更远。

剪刀公司聚集手艺爱好者

请记住，振奋人心的故事，重要性并不仅针对社交媒体，如同在Facebook出现前的一个例子——费斯卡人（Fiskateers）。费斯卡（Fiskars），最著名的制作剪刀的公司，希望借口碑营销的机会，借助其出色的传播口碑机构——Brains on Fire，确认工匠为他们最热情的用户和"讲话者"。2005年，它创造了名为"费斯卡人"的手艺社交网络，公司通过线下活动的方式聚集了最热爱手艺和拼贴的女性，并给她们提供工具，同时搭建彼此的联系。当然，该公司从来没有告诉她们要推销费斯卡剪刀，但随着社群人数的逐年增长，热情激昂的费斯卡人也成为了费斯卡的倡导者。今天，同时有线上和线下的社交网络存在，并有成千上万的人在费斯卡人社交网络（Fiskateers.com）中结识；许多成员彼此建立了联系，通过Facebook分享故事，还有一些人在各种活动中爱上了手工制作。

尽量给粉丝分享的机会

谁是你最热情的顾客？是青少年还是妈妈？是曲棍球球迷还是企业老总？还是爱好音乐的"婴儿潮"一族（baby boomers）？无论你的客户属于什么群体，他们都有一个小组（subset），当中也包括你的疯狂粉丝。如果你还没有发现他，幸好社会化媒体为你提供了工具和机会，这是你以前无法做到的。你真正需要做的是聆听你的顾客，向他们提出问题，并让他们参与。你甚至可以使用Facebook找到最强、最直言不讳的支持者。

请记住，你不是要找到那个最大小组的顾客，而是最热情的顾客。每一家企业都存在支持者，即使他们属于某个特定人群，如男校学生、女高尔夫球手、年轻的得克萨斯州爬山单车手，或是首席技术人员。

一旦你确定了最热情的顾客小组，你要尽量提供工具和机会，以便他们在社交媒体上分享关于你的故事。顾客的一点肯定或鼓励可以让你走得更远，一旦人们开始发现其他顾客发布跟自己有关的故事，会提醒他们分享自己的经验。你可能还需要想想，在该小组中，谁对顾客更有影响力。现实的情况是，一个有4 000名Facebook朋友的人分享你的故事，比一个有40名朋友的人分享相近的故事，更有价值。

奖励表扬　征集故事妙法

人们喜欢奖励和表扬，即使与金钱无关。例如在Facebook上，我们以谁分享最佳故事、图片或视频为准则，挑选出"本周粉丝"或"本月客户"。例如，富兰克林棒球（Franklin Baseball）专页（Facebook.com/FranklinSports），它以人们上传的孩子打少棒联盟或垒球的照片作为准则，挑选本周球迷。Uno芝加哥烧烤以上传有关餐厅的图片或视频来挑选"本周粉丝"（见图13.1）。One Purrfect Place——订制猫盒的厂商，请粉丝发布他们的猫的照片和有关其他人与猫的故事。Dunkin' Donuts的"本周粉丝"比赛更为激烈，是要向其百万名粉丝做宣传。

图13.1　Uno的"本周粉丝"

一般情况下，"本周粉丝"可以把他们的个人资料图片添加到品牌的官方网页上，这对粉丝来说不仅是很好的表扬，还可以让该粉丝与朋友们分享。以 Facebook中每位用户平均拥有130名朋友的情况来看，更活跃的用户甚至有更多的朋友，你可以想象，社交网络如何以这种简单的表扬形式得以快速成长。

给热情顾客的创意奖品

表扬是美好的，但奖品，包括现金才是真正让人们议论的话题。如果你可以奖励你的顾客，提供很好、很有创意的奖品，将会让最热情的顾客畅所欲言地分享他们的经验。以"一年供应……"或更好的"一世供应……"换取最好的文字、视频或图片，展示人们如何使用你的产品。

以往的竞赛，提交的内容都是不公开的，你只能在你的广告活动上展示最佳的项目；现在，通过网上的社交渠道，所有的提交都是公开和共享的。如果有人把一个令人难以置信或完全独特的视频上传至YouTube的比赛上，说不定会有很多人观看，如果有人把极可笑的照片分享到Facebook上，它可能会产生大量的"赞"和回应。

如果希望大品牌赠送大量现金，慈善比赛是激励人们分享他们故事的好方法。百事公司（PepsiCo）2010年将大量的市场营销和广告预算转移到百事公司刷新的功能上，一个托管在PepsiRefresh.com的全球性捐赠行动。例如，它请人们提名自己所追求的理想，并分享他们为理想做出努力的经验和故事。通过Refresh，百事全年共赠送了数百万美元给小区团体，建立了一个拥有庞大支持者的社群以及一支"军队"——当他们看到百事可乐的时候，不再只是联想到它是为你提神解渴的饮料，它也是让世界上最贫困、最值得帮助的人重新振作的法宝。

免费冷饮激发超酷视频

正如策略7所说，地区便利店坎伯兰农场认为Chill Zone的"79美分有味冷冻饮料"产品有一群死硬派、热情的年轻粉丝。但坎伯兰农场从来没有为此产品做过任何具体的营销活动，直至坎伯兰农场推出了Facebook粉丝页面来测试它的理论。自此，页面浏览人数迅速增长，有数以万计的粉丝加入。

起初的情况并不理想，直至坎伯兰农场开展用以找寻Chill Zone的超级粉丝的比赛，故事才开始源源不断。坎伯兰农场提供十个"免费享用一年Chill Zone"的名额，给用图片或视频分享产品的粉丝，这个奖对年轻的狂热分子来说是很棒的，但实际需要花费的只是约300美元。其后，数十个视频和上百幅图片大量涌入（见图13.2），追逐场面、浴室场景，以及医院场景的视频均很生动，展现了人们对Chill Zone有多么追捧。

I got you a free Chill Zone!

But I drank it on the way home.

图13.2　ChillZone粉丝提交的视频

部分粉丝甚至创作歌曲来表达他们的激情，如"Chill Zone，你给我新鲜的空气。"（文字确实无法描述某些视频内容，有空时你可以到Facebook.com/ChillZone观看。）该页面已增长到拥有超过14万个"赞"，时至今日，它每天仍能收到忠实粉丝的照片和视频。

为粉丝庆祝生日

正如策略4所说，芝加哥厚坯意式比萨（Chicago Deep Dish Pizza）可能是Uno芝加哥烧烤最知名的招牌菜，在哥伦比亚区的24个州的160家Uno分店，以及其他几个国家的分店中，都以全套午餐和晚餐菜单为号召。Uno在南加州只有一家分店，却在个人体验中轻易地取得了成功。

波因顿（Kimberley Boynton）——Uno营销总监，确保及时和积极回应每月超过十万名粉丝的数百个意见。她寻找有关客户经验的有趣故事，每天留意人们对Uno的服务、食物甚至视频会议和社会化媒体中的社群感觉如何。当一名粉丝发布消息说她很爱Uno，将开两小时的车到最近的加利福尼亚州Uno分店，与她的家人一起庆祝生日时，波因顿除了礼节性回应顾客一句："感谢你对Uno所有的爱，生日快乐！"她还决定借此机会，进一步奖励该顾客做出分享的强烈热情。

两小时后，当顾客与她的家人到达Uno分店时，工作人员出其不意地为她送上了生日歌和蛋糕。

"怎么会这样？"顾客问。

"你在Facebook上发布了消息嘛。"经理微笑着回答，"生日快乐。"

波因顿说："你总不能给Facebook上每一个发布的人赠送蛋糕和生日歌，但如果你仔细倾听，并做出回应，机会来了就好好把握，它就可以为你提升品牌的声誉。"

当晚，这名幸运的顾客通过手机在Facebook上分享了他们在Uno的图片和故事。接下来的数个星期里，这个小小举动换回的投资回报才真正开始成形：该家庭开始积极地在Uno的Facebook页面中发布信息、分享视频，并继续为品牌做宣传推广，其他人也受此启发，开始纷纷分享他们正面的经验和故事。

动之以情，让顾客分享故事

与顾客在一个更深刻、更感性的层面联系，这将会更容易激发顾客与亲友们分享彼此之间的故事。考虑你的目标群众和消费者的口味，找出公司最热情的一个追随者或客户小组，然后表扬他们，向他们提供某类型的奖励。什么会让他们想成为你组织最强烈的支持者？怎样才能让他们真的很开心、感激、欣赏或兴奋？如何才能让他们说"Wow"？你怎样才能成为他们故事的一部分？

　　1. 定义你的"Wow"因素。你的产品或服务在哪些方面有真正的讨论价值？如果没有一个"Wow"因素，你将采取什么措施来为你的产品、服务或流程开始构建"Wow"因素？

　　2. 定义你最热情的一个客户小组。他们是谁？他们玩什么社会化媒体？你如何能够接触他们？你能提供什么工具和机会给他们，从而鼓励他们分享自己的故事？

　　3. 决定有没有奖励，如果有的话，可能会促进更多的启发和口碑。是否以表扬和奖励的方式来鼓励顾客分享？竞赛、促销或赠品是否有助于推动人们分享？偶尔个人的、直接的线下互动又如何？

策略13　鼓励粉丝分享故事

策略14

社会化媒体　结合顾客体验

> **在你花时间和金钱在社会化媒体中让人"超赞"之前，必须确保你的客户服务、销售人员、产品都令人赞赏。**

有一天，我从纽约市宾州车站（Penn Station）步行去工作，当我查看黑莓手机（BlackBerry）时，一个令人兴奋的推广通过Foursquare（一个以地理位置为基础的社交网络）传来，写着："到纽约市海诺德广场梅西百货公司Marc Jacobs的柜台登记，便会获得Marc Jacobs的银色手提包与沐浴露等礼品，价值250美元。"我对时尚并不熟悉，但这似乎是一个很好的机会，所以我发短信给我的同事，相约在梅西百货见面，想到每个人都可以享受这个免费的好东西，真要感谢社会化媒体的推广。

当我们十个人到达梅西百货Marc Jacobs的柜台时，店员却不知道我们在说些什么。然后，我们向店员展示智能手机里的Foursquare推广，他们对此仍是完全没有任何头绪。一位店员说："我不知道有关的文字信息。"一对夫妇更粗暴地指责我们虚构推广以获得赠品。整整45分钟后，两名经理走过来致歉："对不起，我们刚收到通知，该推广应该是在其他日子。"他们给了我们香水试用品，用以弥补误会。这位经理要了我的电话号码和电子邮件地址，并说Marc Jacobs会在短期内与我接触并致歉。

但最终Marc Jacobs没有打电话或发电子邮件来。这次经历多么令人失望和沮丧！但梅西百货和Marc Jacobs就这样把一个有趣、值得炒作的社交媒体推广，变成了负面的客户服务体验。虽然有周详计划，但员工并没有做好足够的内部沟通，他们在社交媒体推广中并没有获得一致的信息。

社交影响力超越营销

社交媒体的影响力并不只限于营销或公共关系。作为一个组织，如果只是视社交媒体为营销或广告，你是没有办法成功的。为了优化使用社交媒体的结果，你必须对组织的不同职能和部门的组别有所认识和实践。

当然，社交媒体为市场营销、公共关系、广告提供了途径，但它亦涉及客户服务、客户关系管理、销售、营运、人力资源、研发。在理想的情况下，企业里每一个有可能接触到顾客的人，都应该进行社交媒体的基础培训：聆听、具有透明度、回应和参与。此外，在顾客体验的过程中，还有无数的机会去整合最佳的社会化媒体方案。如你在整个顾客生命周期中，表现得越开放、有越高的透明度，他们会感到越舒适，并继续购买你的东西、"赞"你和你的网页，并向朋友们推荐你。

现在，你再次以顾客的身份，想象以下体验。你在家里，登录Facebook，看到朋友给了当地一家餐馆的广告一个"赞"，决定到那里吃午餐。当你到达时，柜台的标志告诉你，只要传一个"赞DavesGrill"的短信到Facebook，给餐厅的页面一个"赞"，便可以获得一道免费的前菜。你遵循指示，最终一如承诺获得免费前菜。你很享受这一餐，你的服务生连同你的收据，都鼓励你在餐厅的Facebook页面上分享经验。你发表的评论大多是称赞的，但当你提到对当晚的甜点有点失望时，一位经理立即回应你的文章说"对不起"，并为你提供礼券希望你再次光临。

面对客户的部门都要合作

这种横跨不同角色和部门的团队合作，才是能让你满足的体验，这不是社交媒体能够带给你的。然而，当你开始接触客人时，你必须了解和熟悉社交媒体，以便团队能发挥实际功能，不要像我的团队与梅西百货间的不愉快经历。如果你的经营规模较小，你便要习惯亲自处理许多工作。不过，假设你是一个大企业里的一部分，就让我们重新探讨各个部门，考虑每个部门的整合性，鼓励用社交媒体来改善顾客体验。

● **广告部**：包括所有向顾客提供社交媒体网址和价值主张的付费传统媒体。例如电视、广播、印刷品、电子邮件、网站、直接邮寄的广告等，都应该包括社交媒体网址、文字链接的机会，或者两者兼备。广告部本身也可以办理社交网络广告，此部分应该占有越来越多的广告预算。

● **营销部**：确定、创建、执行和衡量在Facebook与其他社交网络上运行的促销活动、竞赛、赠品、其他营销计划和内容。营销就是现时社交媒体的典型居所，它应该在每个部门都有一个家。

● **公共关系部**：倾听顾客在社交网络上的意见，并迅速地作出反应。确定最有影响力的博主和其他线上主要顾客，接触并竭力游说他们参加计划。

● **客户服务部**：倾听顾客在社交网络上的投诉和要求，并作出回应。鼓励使用传统渠道沟通的顾客，在社交网络上公开分享反馈。

● **营运部**：创建和执行社交媒体政策，确保所有员工都精通并了解公司的社交媒体网址和做法，有关的招牌、收据，以及任何其他顾客的接触点，包括互动和分享的机会。

● **销售部**：仔细聆听网络上的潜在客户，以及主要的潜在合作伙伴和分销商。利用聆听创造最佳的价值主张，使用LinkedIn和个人Facebook数据来满足和吸引潜在客户。

● **研发部**：留意顾客的情感和竞争对手的顾客情绪，从而设计新产品。充分利用社交网络做调查，并询问顾客群关键问题。

● **高级管理层／行政总裁**：通过Twitter、视频和博客，充当品牌的网上代言人。与主要的合作伙伴、利益相关者和媒体公开互动。

● **信息科技部**：确保你的网站与社交联系方法、内容、插件和应用程序是最新的，确保社交媒体的数据是安全的。管理Facebook的应用程序和任何其他社交媒体、手机应用程序。

顾客只要解决办法

顾客在Facebook上的意见，什么时候由客户服务部与销售部回答？公共关系部、市场营销部或你的代理商是否需要回答？这一切都取决于你。事实是，挑战的重点并不是要你知道应该由谁或何时回答什么评论，相反，你应该确保尽可能多的人熟悉社交媒体，他们都是团队的一部分，必须处理好每一位顾客的问题！

顾客并不关心你的职位或你属于什么部门，如果他们有问题，他们希望得到的是解决办法。当你在超市寻找某些东西时，希望得到帮助，好的超市会培训员工，带你到正确的货架并找出你想要的东西。员工会面带微笑地帮助你，不论他遇到的是屠夫、面包师、收银员，还是一名守卫。这种情况也适用于社会化媒体的运用。试想，每个在Facebook、Twitter或你博客上发布的信息，都是由你的一位最重要的名人顾客填写，你就会特别谨慎地对待这位顾客的每个发布，不管你属于哪个部门或角色。

你还需要传统网站吗？

听起来很疯狂，在2011年或2012年，肯定会有企业和组织，其唯一的"官方网站"是它们的Facebook网页、Twitter的个人资料和博客。你已经可以在Facebook上做任何事情，包括你在一个传统网站里想做的东西，无论你需要订单、销售车、安全的数据，或者利用任何其他网站的内容和功能。而Facebook的额外好处是，你可以在一个大概有6亿名顾客的地方，执行所有这些程序，或者在这种情况下，浏览你的网站——在有鱼的地方捕捞，而不是期望鱼会主动跳到你的船上。

Skittles——流行糖果品牌，2009年，在短时间内把Skittles.com的所有流量转向其Facebook和Twitter中。这种转移并非持久行为，宣传噱头占了大部分，但它证明了一点：品牌不再试图控制人们看它们企业的网页内容。因此，与其试图向人们展示预先包装好的看法（在网站上是无论如何都没有人会相信），你不如考虑完全放弃控制别人，并回应人们说的话，以及了解他们何时何地这样说。与此同时，你可能也有一个自己的网站，但必须尽量将网站与社会化媒体结合。如果你只有一个很小的链接在网站的底部，如写着："请在Facebook上加入我们，并在Twitter上追随我们"，说明你并没有充分利用这个机会去链接别人。

Facebook的社交插件包括"赞"按钮和其他各种互动元素，如"分享"和"推荐"，它们均能让你顺利并深入地将Facebook整合到你现存的网站中。

试想一下，如果你现在不试图在你的网站上向别人推销自己的产品、服务或任何东西，你所做的只是试图说服人们给你的网站内容一个"赞"，如前所述，你起初得到的销售额并不多，但是，随着时间的推移，越来越多的人会到访你的网站，越来越多的人会"赞"你。更重要的是，网站的浏览者有很大机会能看见他们的朋友已经亲自认可你的网站、服务、产品或内容。有没有任何网络上的销售或促销内容比诚实地说"你的朋友'赞'这个"更有价值？

让产品和服务随传随到

新技术让消费者比以往更容易获得他们想要的东西，人们并不需要去书店取书，去花店取鲜花，或者去鞋店取鞋，人们亦不必买报纸或杂志来阅读文章。多亏流动食品车的增长，你在许多城市里甚至不需要去餐馆吃饭。现在是有史以来做消费者的最好时间，只要记住，作为一个营销人员，你有必要让别人更方便、更有效率地接触你的产品、服务或内容。怎样才能把你的产品、服务或内容带给他们，不论他们在哪个网络上？

在市场营销和传达的过程中，哪里能让你提醒人们在社会化媒体上和你建立亲密关系？你可以在你的网站、电子邮件、传统媒体及包装上整合你的社交联系方法和价值主张；你可以有营业员、接待员、客户服务员，用"您可以随时在我们的Facebook页面上提问或留下反馈"来结束所有来电的对话。现在，当你打电话到任何大企业，在等待的时候就会有人告诉你到其网站浏览。但是，网站上的环境通常都是静态的，那么为什么不直接将人们带到互动的环境，让他们迅速得到帮助呢？

确保顾客服务获得赞赏

如果你的客户服务无法令人发出会心的微笑，那么你的营销大多都是没用的；如果你不回应人们的问题或意见，不管你花了多少钱在广告上，或在Facebook获得多少"赞"也是没用的。世界越来越大，越来越复杂，同时也越来越简单，因为有了更多更透明的联系。所以，在你花时间和金钱在社会化媒体上获得"超赞"之前，你必须确保你的客户服务、销售人员、产品都令人赞赏。不管你做或不做，你的顾客都会与他人分享他们的经验。这是值得你现在和将来，组织每一位员工进行社交媒体培训，与顾客和潜在客户交流的最好的练习。

可悲的是，很多企业不允许员工在工作时进入Facebook。但现实的情况是，现在大多数人可以通过他们的手机进入Facebook、Twitter或微博，因此限制计算机进入社交媒体来保持生产力的想法，根本是不切实际的。更重要的是，不让员工通过社交媒体与客户谈话，就像是告诉一家超市的所有员工："你不能与四处寻找需要帮助的顾客谈话。"

脊医诊所　不用等的体验

旧金山的Executive Express Chiropractic是一间脊医诊所，由戴维斯博士（Dr. Eben Davis）创办和主理。它的座右铭是："你排队，等待召唤，等待很多人与事。但是，当你感到痛苦时，已经不能再等。"其独特的商业模式就是不需预约。

这是一个很棒的商业策略，但相比典型的脊医来说，戴维斯博士和他的团队在整合社会化媒体上，让他们的顾客有了更愉快的体验；戴维斯博士的小组通过他们的博客、Facebook和Twitter，分享大量有价值的文章和资源。你可以通过Facebook或手机程序在网上和他们预约时间，在你到达诊所门前时，不仅可以亲自登记，亦可以通过你的Facebook账户登记，然后给个"赞"并与你的朋友们"分享"你的经验。顾客会因为分享而获得额外的折扣和福利。

所有的员工，从医生、助理、接待员到戴维斯博士本人，都在Facebook和Twitter上回答人们的问题，并为网上有意见或疑虑的人提供全天候支持。Executive Express Chiropractic的做法使其迅速拥有数百个顾客，当中大多数也是Facebook的疯狂支持者。

拥有1 700万粉丝的饼干品牌

大家都知道流行的奥利奥饼干出自纳贝斯克公司（Nabisco），但你可能不知道纳贝斯克公司究竟在社交媒体上投放了多少资源去建设品牌。一年多以来，奥利奥单独划拨主要网站的运作经费，用来推广其Facebook页面，还把大量的时间和空间用于传统广告，如电视广告，同时将Facebook上不断增加的"赞"，视为品牌强大的长期资产。奥利奥是其中第一个把Facebook网址置于包装上的品牌，这无疑使许多人在现实生活中享受奥利奥的同时，也主动给奥利奥的Facebook一个"赞"。

当进入Facebook.com/Oreo时，你会看到各种活动和游戏，可以与其他粉丝分享和联系。纳贝斯克小组还在其个人资料图片中分享"本周粉丝照片"。该社群已经成为世界最大的Facebook社交网络之一，拥有超过1 700万名粉丝！如何把这1 700万名粉丝转化为销量仍有待确定，但奥利奥已清楚地将自己确立成世界上最可爱的品牌之一。

创造口碑的营销策略

有一种说法是，你企业里每一个与顾客谈话的人，都是一个创造口碑营销经验的机会，有可能是好，亦有可能是坏。而每个顾客看有关你企业任何线上或线下的材料时，所花费的每一个瞬间也是一个机会，可以是"赞"或"贬"。尽量为你组织的社会化媒体建立最多的拥护者，并帮助企业整合一个友好的社交媒体文化，确保你能充分并深入地使用社交媒体，你也会变得越来越令人"超赞"。

实战招式

1. 确定你的组织中，除了你之外，还有谁可以利用社会化媒体与顾客进行互动。成立一个跨部门专责小组，以更好地将社会化媒体整合在你所有的业务实践和操作中。

2. 仔细检查你所有可用的库存、资产、时间和空间，为你现有的Facebook或微博进行推广。在你现有的Facebook成长的时候，你可以在哪里提醒人们加入对话？在哪里可以分享你们的价值主张，让人们"赞"你的公司并追随你？你有没有社会化媒体的链接整合到你的传统广告、包装和网站上？

3. 尽量有意义地整合最多的"赞"按钮到你Facebook网站的产品和对象上。你越使它"变得可爱"，你也会变得越发可爱。

策略15

善用社会化媒体做广告
效用惊人

> 把朋友的口碑转成个性化的广告版面，其力量比任何传统广告更强大，目前只有社会化媒体的广告版面才能做到。

你下班回家休息，躺在沙发上看电视，最喜欢的节目在插播广告，一如既往，当你准备在数字视频录像机（DVR）上按快进以跳过广告时，你发现有些奇怪：你在电视屏幕的右上角看到了朋友的名字！你延迟快进，近距离细看："你的朋友米勒（Megan Miller）喜欢这个广告。"

"Wow!"你心想：真疯狂。你收看广告，并发现它其实非常有趣。你很高兴注意到朋友米勒的认可，从而没有跳过广告。

第二天早上，上班的途中，你正在听收音机，在DJ播放广告之前，你听到："你收听的下一个广告，你的三个朋友都喜欢，包括米勒。"既然你的三个朋友都喜欢这家公司，这则广告一定值得关注，所以你决定听下去。

你到达工作地点，由于你负责扫描对你公司重要的本地报纸文章，当你打开第一页并开始阅读时，不得不注意第三页的某个广告，因为这则广告的正下方印着："你的五个朋友都喜欢这家公司，包括米勒。"

以上广告的例子没有一个可以通过传统媒体做到。事实上，它们看起来简直很荒谬。但你可以想象，如果能如此做到的话，那该有多神奇！能够把朋友的口碑转成个性化的广告版面，其力量比任何传统广告更强大，目前只有社会化媒体的广告版面才能做到。

由于社会化媒体广告（social ads）能把人们关联到他们的朋友和其他真实的人，它们本身的影响力就比传统媒体广告更强大。过去，广告是有关产品的特点和优点；今天，社会化媒体广告的内容可以更加个性化，对每个用户产生最大的影响力。以下两句，你认为哪个更有感染力？"我们的产品最好，因为它们是最快的。"还是"你的朋友约翰和苏西都喜欢我们的产品。"

社会化媒体的个性化广告

此外，社会化媒体提供给营销人员的定位准则，远远大于以往任何模式，因为你可以完全消除无用的信息。请记住，社会化媒体已有大量的数据，数亿个用户在分享，所以你可以完全锁定你想接触的受众。

惊奇的"连接朋友"广告

一旦你的顾客在Facebook上"赞"你的网页，为了发展你的粉丝群并利用口碑的扩散力量，最好的方法是使用Facebook广告，在你的定位准则中对准"连接朋友"（Friends of Connections）。善用此定位准则，基本上你可以用广告通过现有顾客和粉丝的联系及"赞"，赢得他们的朋友的关注，而不是单单面向大众或一群不相关的销售人员。一般人在Facebook上平均有130个朋友，所以，即使起初只有100个人"赞"你的页面，"连接朋友"看到该广告后，你的目标群众就有了大约1.3万个人了。如果你有1 000名粉丝，目标群众则平均有13万人。这个数字非常惊人，但更引人注目的是，每个广告都是通过个别通知的方式告诉你的潜在客户，他们的朋友已经在你广告里面给了一个"赞"，这是一个不能再好的推荐了！

对准现有"赞赏者"的朋友发放广告，是一个很好的策略，会有很多共同的朋友成为你的顾客。但要谨记，需准确地选择你想要的定位准则，然后应用在Facebook上的每个广告中。并非所有准则都对你适用，但它们都值得一看。以下将检阅各项定位准则：

● **地点**：以不同国家、州、城市或城镇的人为目标。对本地企业来说，你可以以你所在的城市，或者在半径在10公里~25公里或50公里内的人为目标。

● **人口统计资料**：这是让你输入年龄和性别的地方。了解谁是你的顾客，你可以在这里明确对准目标群体，如23~25岁的女性，或56~65岁的男性，或14岁上下的人士。

● **喜好和兴趣**：可以说这是广告定位中最重要的一项，你可以用人们的兴趣作识别，如烹饪、踏单车、跑步、听爵士乐、去教堂或阅读小说。你有近百万个喜好和兴趣可以选择！你亦可以按职位定位，这对"企业对企业"的电子商务模式的空间是非常有价值的，因为它可以在短时间内接触到企业总裁、营销总监、采购经理或地产经纪人。

● **生日**：不言自明。人们经常登录Facebook，在生日当天祝某人"生日快乐"是很开心的。

● **感情状况**：按单身、已婚、恋爱中或已订婚进行分类。显而易见，这种分类对婚礼或约会行业的企业特别有用。

● **语言**：以人们正在使用的特定Facebook语言为目标。在Facebook上，人们使用超过200种不同的语言。

● **教育程度及工作**：针对他们的教育状况或他们的企业分类。同样，在企业对企业的空间中，这是特别有价值的。或许你想接触城市里的五家特定企业的人，或者从某企业或行业里寻找一个新客户，或许你希望引起别人注意，从而得到一份新工作。

目标群众越具体，效果越好。基于以上准则的个性化广告，将比任何传统的大众媒体途径，更能进一步推广你的组织。利用当前的粉丝去制作广告，并应用在他们的朋友上，可以吸引更多的新顾客。

社会化媒体广告的八种创意招式

为了让你发掘当中的潜力，在社会化媒体登广告时，不妨考虑使用以下八种创意招式：

1. 对准人们的生日！在你的顾客或潜在客户生日时联系他们，顾客会检查留言板上所有朋友发来的生日祝福。你可以为他们提供折扣或特殊奖品，或者以你企业的名义纯粹说一句"生日快乐"，给他们惊喜。

2. 提示粉丝促销活动的消息。一旦出现"赞赏者"，你便可以通过Facebook的信息流与他们免费对话。但如果你有特定信息或提议，希望喜欢你的人知道，这便是一个价廉物美的方法，并保证他们可以看到你的信息。

3. 对准你的员工！这个星期是否过得很艰辛？祝贺他们完成工作，或者感谢他们辛勤工作！为此，你可以使用"企业"定位功能，或者使用职位来对准你企业的个别部门。

4. 向新同事介绍自己。你刚从一家新企业获得社会化媒体专家的工作，通过广告向你的新同事介绍自己，向他们展示你有多酷和多热衷于社会化媒体。

5. 对准你的伴侣。你知道伴侣的一切。只要输入所有准则，你就会得到一个专为他或她而设的广告，切实地为你的爱人卖广告。看看图15.1的例子。

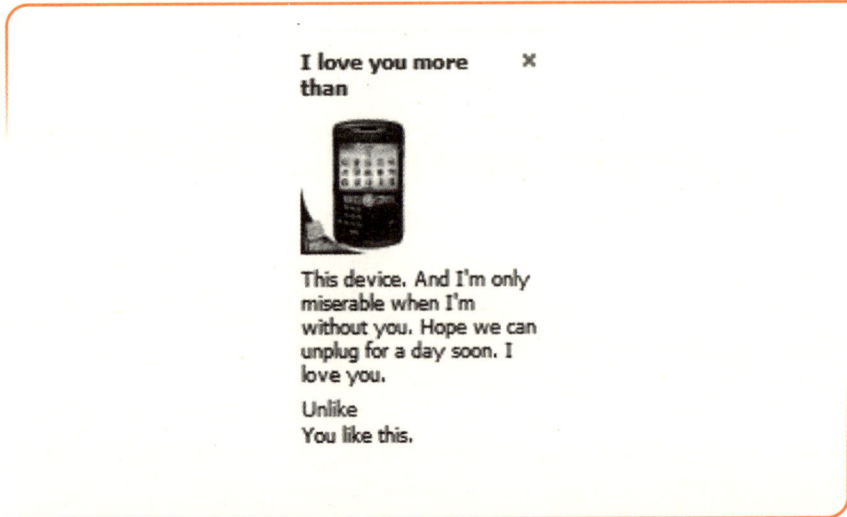

I love you more than ✕

This device. And I'm only miserable when I'm without you. Hope we can unplug for a day soon. I love you.

Unlike
You like this.

图15.1　为恋爱卖广告

6. 对准重要的合作伙伴。在用户的个人资料上，以"行政总裁"、"董事长"或其他相近的职位为目标，与他们建立联系。

7. 对准传统媒体员工。与《纽约时报》、《华尔街日报》（*Wall Street Journal*）、当地电视台或国际刊物的员工联系。

8. 使用赞助内容（sponsored stories）。当你的粉丝与你的网页进行互动时，Facebook主页的最新广告版面将突出显示你的网页，为广告带来巨大的社会背景。

以上八个方法有助于你进一步与线上或线下的顾客、潜在客户、同事、员工和合作伙伴建立联系，但这些都只是一个开始。你还有什么别的方法通过社会化媒体广告去针对特定的群众？

让广告变得可爱

一旦你选择了所有的定位准则，你需要使用一个标题、文字和图片来制作广告。迄今为止，图片是Facebook广告的最重要元素，所以你必须选择亮丽并已经优化了尺寸的图像，以吸引人们的关注。在相同的预算下，可以运行无限个广告，所以你有机会测试数十个或更多的图像、标题和文字，看看哪一种有最多人"赞"。你需要设定每日预算，可以低至5美元，亦可以很高。你可通过按点击收费（pay per click，PPC）或按展示收费（pay per impression，PPM）来购买广告。按展示收费是指，你的广告可能会出现成千上万次，但如果没有人点击广告，你就不必付钱，这就是Facebook每展示广告一千次便收费的原因。而按点击收费则是指当人们点击你的广告并浏览你的网页时，你才需要付钱，因此你只为结果付钱。我们建议选择按点击收费，以保证你付出的钱会得到相应的效用。

让社会化媒体广告与顾客做朋友

很多企业在使用社会化媒体广告时，都不能直接带动销售，因为人们在社会化媒体上只花时间与别人进行交际和联系，而不购买东西。广告的成功方程式不在于链接广告到你的网站或购物车，而是链接到你粉丝的页面。将用户链接到你的网页，并鼓励他们与你建立密切的关系。他们可能会参加比赛或问你一些有关产品、服务或行业的问题，他们有机会在你的社群接触其他人。想起策略5：真诚对话 赢取人心。为了以后有足够的时间给他们留下好印象，你首先要让他们给你一个"赞"。

对于有较多预算（2.5万美元或以上）的大品牌而言，可以购买Facebook的"网页参与广告"（Homepage Engagement Ads），这会为令人难以置信的目标选项功能增添更多的互动性和功能性。例如，你可以使用广告发布一项调查、播放视频，请他们回复一件事，甚至分发你的产品样本给有兴趣和愿意分享电子邮件地址的人。

LinkedIn和Twitter广告对准特定群众

Facebook广告是社会化媒体广告中最常用和最有效的形式，但它们并不是唯一的一种。例如LinkedIn和Twitter，均提供直接的广告机会，同样能对准特定的目标群众，帮助企业不断建立自己的社会化媒体网络和业务。

LinkedIn广告接触专业人士

LinkedIn拥有超过一亿名用户的数据，往往比Facebook的用户更注重生意。虽然它没有Facebook这般具体，但也提供了良好的定位准则，包括行业、职位、资历、年龄、性别和地点，用来接触专业人士。它提供按点击收费和按展示收费的模式，并允许广告预算低至10美元。

不过，LinkedIn广告在交际方面最酷的是，每个广告下方都有一条链接，可以链接到卖广告者的个人资料。它虽然没有Facebook"连接朋友"的广告那么受大众认可，但仍有引人注目的卖点。这种具有透明度和微妙的邀请链接令人耳目一新。与其显示来自一个庞大及无个性组织的广告，倒不如切实地显示来自LinkedIn的某个人的资料，就像他是观看广告的人。你能否想象，如果你在收看电视或阅读报章时，发现每个广告都有卖广告者的个人资料，你会不会感到惊讶？这将增加透明度，而卖广告者亦要负更大的责任，让自己制作出更好的广告。

Twitter广告让你参与其中

Twitter曾尝试过不同的广告模式，但在此刻，"推广Tweets"（Promoted Tweets）、"推广趋势"（Promoted Trends）和"推广Twitter账户"（Promoted Twitter Accounts），让广告客户把它们公司最近期的tweets置前，只要人们在Twitter里使用特定的关键词。这个过程与Google的"Adwords"模式最相似，当人们在Google搜索并使用特定的关键词时，将出现广告赞助商的列表，而广告商一早便已经预选（买）了这些关键词。但是，Twitter的谈话多于搜索，例如，尝试在Twitter中搜索布鲁克林的医生，看看人们如何评价该地的医生。如果一名布鲁克林的医生已经购买特定的关键词（如"布鲁克林"、"医生"、"病人"、"护理"

等），该医生最后的一次信息（tweet）就会显示在你消息流的顶部。

Facebook把广告放在电脑浏览器每个页面的右侧，以及手机浏览器每个页面的下方。但是，它不允许付费广告出现在人们的动态消息或消息流里面。但Twitter尝试把广告放在消息流里面。对Twitter来说，广告最重要的是有相关性，人们会对此产生共鸣。Twitter的管理层表示，为了确保用户拥有最佳的体验，如果该广告不能产生共鸣（即驱使点击和回推），广告就会消失，即使这意味着公司在短期内会亏损。

社会化媒体广告的长远价值

广告历来追求吸引别人留意、增加购买意向，并把被动接受者转换成顾客。当传统广告完结时，接收者已经更加了解产品，并且已经决定购买与否。社会化媒体广告就不同，它实际上更具有价值，这就在于开始对话。所有在Facebook或Twitter上的广告，其真正需要做的是为公司赢取"赞"或追随者。在此之后，你就有能力与你的粉丝或追随者，在他们的余生和他们交谈（建立密切关系，并最终出售商品），而不需要付出任何额外的广告费用。当然，如果你在社会化媒体的信息传递中表现出了以营销或销售为目的，人们可以"不喜欢你"或"停止关注"你。这种情况在电子邮件的营销中已经很普遍，电子邮件列表并不是用于建立关系或提供价值，它们是用作推销的。因此，人们通常由一家公司的粉丝，渐渐变得感到困扰，甚至讨厌，并最终取消订阅该公司的电子邮件。

你有一个很好的机会对准你的理想客户，代价是点击一次的费用（这可以是0.5~3美元，取决于你的定位准则），转换成有人给你一个"赞"并加入对话。一旦该理想客户进入你的社群，你可以在他的余生切实地得到他的注意，只要你适当地吸引他。那么，终身价值是什么？是最初的广告、"赞"、追随，还是点击一下？

Facebook广告的反面教材

在Likeable Media，我们已经为超过300名客户购买了Facebook广告，同时使用定位准则和"连接朋友"的机会增加社交网络的关注度。但我想在此分享的如何使用Facebook广告的头号例子，来自我们公司的经验。

Facebook广告是我们唯一使用的付费广告形式，它使得我们在三年内，从零起步成长为市值数百万美元的企业。我们起初并没有正确地对准目标，但我们从中汲取了教训，而这些，每天只花约30美元去做就足够了。

首先，我们在"兴趣栏"里设定目标关键词，如"市场营销"、"促销"和"社会化媒体"。虽然产生了对这些方面有兴趣的大量粉丝，但他们可能不是真实的潜在客户，因为他们当中可能包括了学生或其他对此话题感兴趣的人，而他们在各自企业里却没有决策权。因此，我们需要转移重点。

我们知道，聘请一家营销机构是由企业内部的多个人决定的，可以通过职位识别他们。因此，我们一致对准这些人来构思广告：市场总监、营销副总裁、市场营销董事和品牌经理。我们不要求人们主动打来电话，甚至不要求他们从广告里查看我们的网站，只要求他们链接到我们Facebook的页面，加入我们的社群。然后，我们会每天分享找到的好文章、编写有关社会化媒体的文章，以及提供有关如何好好运用社会化媒体的建议。终极的吸引式营销（pull-marketing model）最终奏效，如今，每天有数十人致电或发来电子邮件，要求我们提供帮助。我们的Facebook社交网络有超过1.6万名粉丝，以后肯定还会接触到更多这类的请求。只有当他们准备购买产品时才会接触我们，而不是在我们准备好销售的时候就主动找上门。

使用Facebook广告寻找粉丝

露得清（Neutrogena）是一个大品牌，大部分人都认识。但其skinID———一个解决粉刺的系列产品，并非每个人都愿意公开支持，原因是关乎自己的皮肤问题。基于这个原因，青少年所给的建议更有价值。

利用Facebook广告，露得清首先对准在个人资料中把"皮肤护理"、"皮肤健康"等相似关键词列入兴趣栏的青少年。当露得清的广告吸引数千名粉丝后，它就使用"连接朋友"的广告，对准整个美国青少年人口。每个在Facebook里看到这则广告的青少年，亦看到他们其中一位喜欢skinID的朋友的名字。在所有组别中，青少年可能是受朋友影响最大的一群，能够让青少年看到自己的朋友所支持的产品，从而发展成有数千人"赞"的页面，今天，这个社群有超过八万人公开赞同粉刺的解决办法。

星巴克Facebook广告推动销售

星巴克（Starbucks）——极具领导地位的咖啡零售商，它承认花费了数百万美元在Facebook的广告上，以扩充其庞大并超过2 000万人的粉丝社群。然而，星巴克的广告和粉丝做了一件其他品牌没有做的事，那就是将粉丝引导至星巴克的实体店铺中。

通过Facebook的"活动"功能，星巴克已经成功建立和执行了十多个促销活动，如"免费糕点日"、"星冰乐欢乐时光"、"新VIA样品庆祝活动"等。这些活动共吸引了超过200万名市民前往星巴克的各个分店。

创造令人赞叹的社会化媒体广告

当今世界，占主流的都是极具破坏性和不必要的广告，而社会化媒体广告却能让你变得更可爱、更名副其实。这些广告能够让你找到并联系上你的完美目标，同时利用他们的口碑认可达到效果。社会化媒体广告能够与潜在客户和他们的朋友建立终身的联系。在充满挑战的经济社会中，在考虑削减传统的广告开支（可能有效或无效）时，便是该密切留意社会化媒体广告的时候了，因为它能够扩大你的粉丝群，进一步吸引新顾客。

🔑 实战招式

1. 使用Facebook等社会化媒体的广告类别，引导你定义完美的目标群众。当你输入所有的人口统计数据和兴趣准则后，必须确定Facebook究竟有多少群众。

2. 测试各种不同的创意广告。以一个非常小的预算开始，并以数个不同的图片和标题来确定哪个效果最好。（你可以从低至5美元开始，这是任何人都可以负担的预算。）把广告链接至你的Facebook或微博页面，而不是你的网站。

3. 确认你的企业可以受惠于LinkedIn、Twitter或微博的广告。如果你的组织还没有在Twitter、LinkedIn或微博上建立社会化媒体，这就太不划算了。这可以说是必需并且值得尝试的。

策略16

弥补错误　脱颖重生

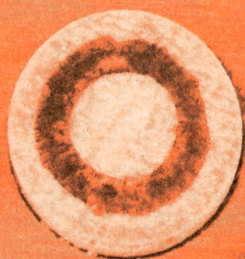

> **通过迅速回应，对投诉表示关心，即使犯了严重错误，亦可在危机发生后获得较好的名声。**

2010年6月3日，Ann Taylor公司旗下的服装品牌Loft在其Facebook页面上发布了一幅照片，该照片的模特儿身材高大、金发碧眼，身穿Loft最新的丝质工装裤，标题还设有"点击购买"(click-to-buy)的链接。

在社交媒体中，这样的发布并不罕见，但在时装界却很少见到。无论出于哪种原因，粉丝对此的反应颇为负面。尽管许多粉丝认为模特儿的裤子看起来不错，但他们抱怨裤子是"照片比真人好看"，或者"很好看，如果你有1.78米的身高或像照片里的模特儿那样拥有苗条身材的话。"页面上的粉丝开始要求Loft显示穿在"真正女人"身上的裤子。

我相信一般企业都不会回应这类评论，因为整个时装界基本上都建立了超瘦模特儿的形象，而非真正的女性形象，即使历经多年，抗议也不能改变任何东西。

但两天后，Loft就在他们的Facebook页面上发布"对不起"，并附上"真正女人"穿着裤子的照片，裤子还是目前所展示的那条，但穿着者换成了Ann Taylor的女职员（见图16.1）。

LOFT Hi! My name is Julie and I am LOFT's Manager of Digital Programs. Yesterday we received a request to show our new silk cargo pants on real women. Through the day we will be showcasing women at LOFT wearing the pant. To get us started I am posting a gallery showing how I wear the pant at work, at night, and on the weekend.

I am 5'3" and a size 6 and a regular shopper of LOFT's petite collection though I shop regular sizes as well.

How I Wear Our New Silk Cargo Pant
June 17 at 11:53am · Like · Comment · Share

43 people like this.

View all 48 comments

图16.1　Loft女职员充当模特儿

Facebook社群欢欣鼓舞，口碑迅速蔓延，Loft最终在时装界和网络世界中都受到更多媒体的关注，这些都是它应得的。数月后，仍然有页面显示充满骨感的模特儿穿着Loft服装的照片，但亦显示了Loft员工迅速回应所有粉丝的意见和问题，当中有好的，也有坏的。该网页还强调社群自2010年6月起大幅增长，至今有超过25万名粉丝的消息。

Loft做了什么？很简单，它承认了错误并迅速修正。它在Facebook上分享各种照片，证明员工是愿意公开自己的弱点和"真实地"面对顾客和群众的。Loft不仅几乎立即弥补了错误，还进一步在个人层面上链接那些它曾经得罪的顾客，甚至能够抓住机会，在改正错误后脱颖而出。

"对不起"胜过千言万语

当你犯了错误，如果能说句"对不起"，这对弥补错误是非常有效的。企业是由人组成的，每个人都会犯错误，因此企业偶尔做出一些令顾客失望或愤怒的事情是无可避免的。而让人感到特别沮丧的便是企业不道歉，以及没有迅速正视问题。

任何一个有约会经验的人都知道，说"对不起"是一段关系中最重要的技能，这同样适用于企业。尤其在企业变大、有上市交易或有大的法律团队时，向客户简单地说一句"对不起"似乎非常难，但这么做永远都是正确的。

道歉之道

若由企业中最高级别的人向消费者说"对不起"，那最好不过。也就是说，你的行政总裁，应通过网络视频短片说出问题所在及如何解决。由行政总裁或企业的领导层告诉顾客，可以显示出你的企业在正视问题。用视频回应能让企业显得更加人性化，这是新闻稿或信件永远做不到的。保持简洁和亲切是尊重顾客的表现，你的行政总裁在回应时应该尽量谦卑和自然。

如果你的行政总裁并不善于上镜，请考虑让其他高层领导代替他在视频中道歉。这个人必须属于高级管理层，需要代表整个团队发言。此外，可以让行政总裁写一张便条，虽然这样做很可能是事倍功半，不过，如果在考虑业务领导的"上镜能力"后，认为便条是最好的选择，那么，他的文字应该尽量表现得友好和真诚，并避免使用法律措辞和企业特有用语。

为突发事件做准备

你知道企业会犯错，但却不知道何时发生、发生什么错误，以及得罪什么人。现在，你最好为突发事件做好准备。多年来，很多企业都有公关公司或内部公关团队负责制定危机传讯计划。现在的主要区别在于，网上的口碑传播速度比以往都要快。企业在应对问题上花的时间越多，该问题会变得越糟糕。所以，在你肯定会出错之前，请成立一个跨部门小组，以便在出现任何错误时都能够迅速处理，并确保使用适当的社交媒体作出回应。

律师发言应更具人性

律师和企业传播经理往往会对"对不起"这三个字的使用有种不可思议的破坏能力。与你的律师争辩的最坏时机往往是发生危机之时。因此，现在最重要的是，必须事先计划好，在危机来临时你的企业将会使用哪种表达方式。简单直接的语调总是比企业的特有用语好，尤其在社交媒体上。轻松的语调可以被视作真实、脆弱和人性化，比起一间"邪恶企业"（人们很可能会这样看你，即使只是在危机发生时），这样的方式更难让顾客迁怒于一个实际脆弱的真人。只要让你的律师知道你想说："对不起，我们搞砸了"就行了，在这种情况下，相比大多数的企业，只要做到这一点便可以让你有充足的准备。

危机处理演习

就像学校的消防演习，发生火灾时，要人们知道该怎样做，只有事前准备演练，才能避免危机。试想一下最疯狂的挑战，例如，某位顾客在你的餐厅用餐时突然过世，或者某位员工在商店的柜台中拔出步枪（愈疯狂或不可能发生愈好）。

那么，你有什么计划？你会召集不同团队的什么人？有多迅速？如果危机发生在某个星期五的晚上你又会如何？如果传讯部副总裁正在休假呢？社交媒体是全天候的，不论如何，你必须有一个迅速回应的计划。你如何与顾客沟通？你的员工、合作伙伴和供货商又该如何做？

为可能永远不会发生的事情做准备，听起来似乎非常愚蠢，但如果你不为社交媒体的危机做准备，你便会回应得很慢，或者回应得很差，在危机发生时，就可能会严重损害你的品牌。想想英国石油公司（British Petroleum，BP）对2010年海湾石油泄漏的反应吧。当时，如果英国石油公司在Facebook和Twitter上能更快、更认真、更真诚地作出反应，这可能会对其声誉和股票价格更有保障。

"对不起"后的补偿行动

道歉仅仅是处理危机的开始。比以往任何时候都更重要的是，倾听和回应人们在社交媒体上所说的话，但愿在出现严重问题的时候，你能把这些做法结合到业务当中。如果你因为种种理由而没有做到，你便需要一个计划，以增拨资源至在线的社群管理中——在你身处危机时，Facebook和Twitter的社群必然会有更多流量。

尽可能为每个人的投诉而道歉，并继续跟进。通过迅速回应，对投诉表示关心，即使犯了一个严重的错误，最终亦可以在危机发生后，获得一个较好的名声。错误和危机亦会有不同的形式和大小，而你亦需要有不同程度的反应。重要的是无论如何，你都要真正关心顾客，对事情表示重视，迅速道歉并解决问题。

航空公司　风暴后的危机化解

在美国，最令人讨厌的就是航空公司。大部分航空旅行都是障碍重重，当航班晚点或者因各种原因无法按时起飞，最遭顾客厌烦的首当其冲就是航空公司的品牌形象。但是，捷蓝（JetBlue）拥有强大的品牌，一个颇受顾客欢迎及拥有高度评价的品牌。2007年2月，该公司经历了一次重大危机，一场风暴和各种内部挑战导致在一个星期内，数百架航班被取消，数千名旅客滞留机场。

对捷蓝的声誉来说，这本来是一场灾难，最后却因其快速、适当地在网上作出回应，从而化解了危机。创办人兼行政总裁尼尔曼（David Neeleman）拍摄了时长三分钟的YouTube视频，向顾客道歉并作出承诺，这类事情不会再次发生。该视频亦分享至Facebook和Twitter上，有数十万人收看。尼尔曼亦将视频放在传统媒体上播放，甚至包括《戴维深夜秀》（Late Show with David Letterman），他谦虚地表示，愿意承担责任、解决问题。

在任何一家航空公司的历史上，尽管这是最恶劣的一个星期，但对品牌有潜在的毁灭性打击的这件事情，早已被人遗忘了。捷蓝迅速恢复成为顾客满意度最高的市场领导者。在过去数年间，由于社会化媒体的增长，捷蓝一直都是最频繁使用Facebook和Twitter等工具去吸引顾客的航空公司之一。

比萨公司　起死回生

2009年4月，美国北卡罗来纳州达美乐比萨店（Domino's Pizza）的两名员工，在YouTube上分享了他们拍摄的莫名其妙的视频：在为顾客准备食物时，他们做了一些令人作呕的事情，包括用食品擦身体的不同部位。如此卑劣的行为，让大部分人在观看影片后，都觉得达美乐的食物难以下咽。数十万人看过该视频，部分片段更在电视台中播放。

达美乐立即在其网站发表了一封道歉信。它解雇了这两名员工，并在法律允许的最大范围内致力于起诉两人。美国达美乐总裁多伊尔（Patrick Doyle）事后亦发表视频道歉，即使是在事件发生了整整一星期后。

达美乐发起了一项广告活动，在YouTube和Facebook中分享时长三分钟的视频，展示顾客们谈论他们有多讨厌达美乐的味道。视频真实地引用人们的言论，他们认为比萨皮像纸板，以及分享其他非常关键的意见。然后，视频展示员工通力合作，创造一个全新及更美味的比萨（见图16.2）。

图16.2　达美乐在危机中扭转局面

对电视广告来说，三分钟的视频未免太长，但在YouTube则刚刚好。当然，观看次数未必赶得上之前的倒胃视频，到达70多万次时便终止了。此外，这令达美乐的品牌更为人性化，并在最需要的时候与顾客联系起来。

得罪上万妈妈的广告

2008年11月的某个星期六，Motrin的网站上出现了一个止痛药的广告，并有以下配音：

背宝宝似乎开始流行起来。我的意思是，理论上，这是一个好主意，可以作前背带、吊索、摇摆、包裹，还能变成袋状。谁知道还会有什么开始流行？背着你的宝宝，双手就可以自由了。据说，这是非常实用的经验。他们说，经常将婴儿抱近身体，婴儿往往就会较少哭泣。但我呢？做母亲的是否会因为背婴儿而更辛苦？我相信会！你的颈背和肩膀将承受巨大的压力。我有没有提到你的背部？我的意思是，我愿意忍受这种痛苦，因为这是一种良性的痛苦，这是为了我的孩子着想，此外，这让我看上去更像一位正式的妈妈。所以，就算我看起来累了、疯了，人们也会明白为什么。

该广告得罪了很多妈妈，妈妈们的声音更在在线社交网络里爆发。数小时内，这则广告在Twitter上成为世界上最受关注的话题之一。一个展示妈妈们的反应、长达九分钟的视频在YouTube上发布，并收到了数以万计的评论。但这个视频在星期六发布，所以该企业和广告公司方面并没有人作出回应。到了星期一，在它们试图回复时，该广告已经引起了成千上万的妈妈的关注，当中有很多人表示不满。尽管该企业停止播放该广告并"作出道歉"，但已经不能挽回所造成的损失了。

在这个信息几乎实时共享的世界中，我们必须为事情做好准备。如果有人在周末时间不认同你其中一个广告或营销工作，你准备好叫谁作出回应了吗？如果当初Motrin准备充足，它便可以避免数千名妈妈的负面反馈，并能迅速进行道歉。

品牌标志的劣评　可爱的失败者

2010年10月，服装零售商the Gap推出了新的标志。在多个社会化媒体渠道中，顾客都普遍表示痛恨该标志。成千上万的人说标志很难看，反对该标志，甚至开设一些假的Twitter账户嘲笑the Gap。

尽管已经花费了数百万美元印刷新标志，the Gap很快意识到了错误，并于数天内在Facebook页面上发布了一篇文章：

好的。我们已经很清楚了，你不喜欢这个新标志。我们从反馈中获益良多。我们只是在想什么对品牌和我们的顾客是最好的。因此，与其将设计外包，不如我们今晚把蓝盒子（Blue Box）带回来。

通过非正式和谦逊的语气，the Gap展示出它正在听取并关心顾客所说的话。在一个不太灵活、比较传统的管理团队中，可能不会有快速的决策。但在面临危机时，快速决策比以往任何时候都更为重要。在整个事件当中，付出的成本虽然高昂，但这提高了the Gap整体的声誉，并避免陷入困境，付出更高代价。

"对不起"的无比威力

人类有一种惊人的能力，就是彼此宽恕，甚至原谅企业所犯的错误。（尤其是当人们意识到该企业背后的人是富有同情心、明白顾客所需和理性的时。）在出现错误和危机时，挑战只会在你的企业没有及早准备或在你反应能力不够灵活时出现。只要预先创建一个计划，以及能够公开、迅速、真诚地说对不起，在面对任何社会化媒体的挑战时，你都能够保持良好的品牌声誉。

🔑 实战招式

1. 建立社会化媒体的危机计划。如果某个顾客在YouTube上分享了一个负面经历，或者一个促销活动出现了错误，或是沟通不如预期所想，你会怎样做？谁公开作出回应？如何回应？谁作出最终决定？

2. 现在就与你的法律团队和企业传讯团队建立一套指引，在出现突发事件时便可以迅速回应，语调也要尽可能保持谦卑和个性化。

3. 一旦确定了某个计划，便进行一两次演习，看看你的组织反应如何。

4. 请确保能够密切地聆听，留意网上有关企业的对话，即使在周末和假日。

惊喜不断　粉丝誓死跟随

> **为你的顾客和潜在客户带来价值和喜悦，在他们有所需要时会记起你；当别人有所需要时，他们亦会推荐你。**

数个月前，我一如既往地参加商务会议，并在Twitter发布从中学到的事情。其中一名发言者推介柯林斯（Jim Collins）的著作——《基业长青》(*Built to Last*)，并指出这是不可不读的一本书。我曾经听说过这本书，为了记得要购买此书，同时分享发言者的智慧，所以我发了一条信息："推荐业务图书，《基业长青》。有没有人看过？"

我得到了一些回应，但我最喜欢的是杰西（Jesse Landry）的回答，一个在Twitter上追随我的人，虽然我从来没有见过他，他说："如果你没有，我很乐意今晚之前把我多出来的那本送给你。"

不是一句"好书，戴夫，你应该看看吧！"或"我很乐意借给你。"而是他表示愿意今晚之前就交给我，我感到很意外。我回答说不需要连夜寄送，但肯定的是，谢谢，我会接受此书，然后把我的地址给他。当然，他如果真的在今晚之前寄送给我的话，可谓双重惊喜。

我查看杰西的个人资料，发现他是Administaff的一个顾问，为中小规模企业公司提供人力资源支持。杰西从来没有游说我与他合作，如果他有，我大概会说："谢谢，但不用了"，并认为他通宵送书是想赢得我的生意。相反，我对他的工作感到很有兴趣，在对他的公司进行调查并确定他是否能为我提供服务后，我想，说不定哪天我可能需要他的帮助。

杰西赠书给我并无其他原因，更没有要求任何直接的回报。当然，事实证明，在过去的数个月中，我正在为Likeable Media的人力资源发掘潜在的外包业务。我自然地想起杰西和Administaff，也许他们能帮助我解决问题。但杰西完全没想到他赠书给我，我会考虑使用他的服务，他只是纯粹地赠送罢了。

如果你能为顾客和网上的社交网络想一点小事情，给他们惊喜，提供意想不到的价值，或者给消费者一个微笑，你永远都会脱颖而出，被记住甚至赢得社交网络的业务。在进入线上社会化媒体时代前，吸引别人的注意是非常重要的，而在文字可以如闪电般传播的今天，我们更加需要脱颖而出。你如何能在社会化媒体中变得卓越非凡？

创造更多的"Wow"时刻

好消息是，只要做好社会化媒体的基本功，如聆听和透明地回应大家在Facebook上的意见，那么你就会在现时的社交媒体，以及仍然保持广播心态的企业中处于领导地位。但最终，世界和你的竞争对手，都会关注并了解如何好好运用社会化媒体。在Facebook里，你不只是与现实生活的竞争对手务求争取顾客的注意，你是与所有顾客的朋友及他们熟悉的品牌竞争。

所以，你的工作不是如何变得更好，而是你如何与众不同。到目前为止，你在本书读到的一切，都是关于在社会化媒体上达到卓越的标准。但你如何超越期望？你怎么能做一些小事（和大的事情），从竞争中脱颖而出？你如何使用社会化媒体从而让自己有所不同，真正创造更多的"Wow"时刻？你如何实施"惊喜"？

不要小看细节

很多时候一些额外的东西才是最重要的。在这章开头的故事中，杰西绝对没有必要在当晚送书给我，其实，我希望他得到一次好的交易，因为运费可能比书本身更昂贵。但这次行动使他脱颖而出，有什么小事情可以不以企业名义，而又能够吸引消费者和潜在客户的注意呢？事实是，这大部分取决于你的业务和网上社群的具体性质。

有一件你可以做的事情是"聆听"谈话，这不一定是关于自己的企业，或者回答一些不直接针对你的问题。参与以上谈话及与企业或行业有关的社交网络，但不要试图把你的企业推销给消费者。这种做法特别容易在Twitter上做到，在这里与陌生人交谈是一种常态。因此，假如你是一位地产代理，你可以聆听人们提问关于在你所在城市获取银行贷款的首付比例，并去回答这些问题，或附上有用的网上文章链接；又或者，如果你在当地有一家旅馆，你可以聆听人们发问关于度假景点的问题，你可以推荐你在贸易展遇见的几个外国同行。

如果你可以在Twitter和Facebook上提供意想不到的价值，而且不期望回报，你便可以制造"Wow"的时刻，进而影响你的业务。例如，你在Twitter上推荐度假胜地给其他人，最终他们将有机会推荐你给他们的追随者；或者，如果你提供的有关贷款的文章是非常有帮助的，这些潜在买家可能在置业时会寻求你的协助。

百思买（Busy Buy）是第一家在Twitter上以回答人们提问的方式带来意想不到的价值的大型企业。它研制的"Twelpforce"（在线帮助）由近千名员工组成，他们接受培训，来回应人们在Twitter上提出的有关电子产品的问题。当其中一个员工不在商店亲自帮助顾客时，他便正在线帮助顾客或潜在客户，并回答任何有关电子产品的问题，包括不在百思买出售的产品。

大事同样重要

对于大型企业而言，大的活动如比赛和抽奖，大多都会为参加者和优胜者创建"Wow"时刻。如果你能举办一个竞赛，让人们更亲近你的品牌或加强情感的联系，这对他们将有长远的影响。

富兰克林体育用品（Franklin Sports）是一家在运动器材领域极具领先地位的企业，它最为人熟知的是美国职业棒球大联盟（Major League Baseball，MLB）官方击球手套的供货商。虽然它的击球手套和其他设备有数百万美国人在使用，但在开始运作社交媒体时却经历了诸多不顺，开通Facebook的前五个月，只有1 900名粉丝。

2010年9月，富兰克林利用其与美国职业棒球大联盟的关系，倾尽全力与粉丝来了一个挑战：如果未来两周内能得到一万名粉丝，富兰克林将赠送两张锦标赛门票给其中一名幸运粉丝。虽然这不是每个人都能享受的，但却是一个值得为之努力的奖品，特别是对社群上疯狂的棒球球迷而言。数以百计的球迷开始推荐富兰克林的页面给他们的朋友，两个星期内，该页面的"赞"增加了超过五倍，达到一万个。富兰克林向一名兴奋的球迷赠送了锦标赛门票，并在整个过程中建立起一个精力充沛的社群。

思科（Cisco）——遍及全球的网络领袖，是一家大型的技术公司，它非常明白通过社交媒体取悦顾客的重要性，并设法将社交网络整合到所有的商业行为中。我曾与思科社交媒体营销经理尼格（Petra Neiger）讨论过，他告诉我：

我们认为"参与"需要发生在多个层次上，从信息分享到交谈，要想办法去激发、激励和培育我们的顾客和合作伙伴。每种方法都有其目的，例如，通过特殊的优惠和抽奖活动可以增加传播力（virality）和销售，或增强品牌的承诺。我们的Facebook抽奖活动就是很好的例子，如果使用得当，培育有助于与顾客和具有影响力的人士将关系带到一个新水平，并使其成为你的大使或意念团队。我们的大使是思科的忠实拥护者，除了帮助传播口碑、发起和参与涉及思科的对话、纠正不正确的信息外，甚至还会带来重要的信息，并要求我们注意。至今，我们的努力也让我们领略到思科的目标群众的集体智能，并为其创造新的机会。

思科认识到，在社交媒体平台上，必须合并各种大型或小型的战术，经常吸引别人的注意，并提供额外的事情，以培养与顾客和合作伙伴的关系。我在社交媒体里所见过的所有企业中，思科有一点不同：Facebook思科网络技术学院（Cisco Networking Academy）的粉丝页面（Facebook.com/CiscoNetworkingAcademy），实际上是让有见解的顾客充当页面管理员，控制超过17.5万名粉丝与思科的品牌声誉。虽然这是一个非常危险的举动，尤其是如思科公司这般的规模，但它已经得到了回报，不仅为顾客群信赖其品牌的声誉感到欣喜，更从一个不太可能发现资源的来源（顾客）中发现资源，重整社交网络管理的工作。

分享奖品　让社群成长

　　竞赛和抽奖活动固然令人兴奋，但没有什么比让所有群众都赢得东西更让人兴奋了。当人人都有机会时，就可以推动整个粉丝页面共同努力，促进社交网络成长。我们在Likeable Media第一次遇到的，就是我们曾于本书的策略7和策略13提及的坎伯兰农场Chill Zone的页面。坎伯兰农场希望引起整个新英格兰区青少年对其Chill Zone产品的激情，于是使用Facebook的社交媒体广告、宣传组和Chill Zone的每周赠品，第一个月，其Facebook页面的粉丝人数便激增至一万多名。为鼓励粉丝口口相传，与他人分享粉丝页面，他们提出了一个挑战：若能帮助Chill Zone在2009年8月21日前达到五万名粉丝，我们将举行"免费Chill Zone日"（见图17.1）。

图17.1　Chill Zone的免费推广

策略17　惊喜不断　粉丝誓死跟随

活动推出后不到三个月，粉丝人数超过了目标，更有超过两万名粉丝加入这一活动。以加入社群的粉丝人数来说，这的确令人难以置信，但社交网络内人们的情绪更高昂。例如，人们会发布："我已经邀请了整个学校的人成为粉丝"；"我不会休息，直至我们有五万名粉丝。Chill Zone规则！"

销售业绩很好：2009年6月5日，第一个免费Chill Zone日，与往年相比，销量超过2.7万瓶。第二个免费Chill Zone日，即8月的免费Chill Zone日挑战赛，销售额较上周五增加了23%，当中50%的销售额要直接归功于Facebook。

结合自动化与人情味

以工具来管理大量"赞赏者"、追随者和对话，与无法被取代的社交媒体的人性和个性化元素同样宝贵。社交媒体上的促销活动、竞赛、赠品和抽奖活动可以作为娱乐项目，让数千甚至数百万人感到高兴。但是，如果某大企业的人私下给了你一个独特的回应，相比最酷的比赛，不是更能让你发出"Wow"的感叹吗？

独特文字　独特影响

有些时候，只是公开地表彰一个人已经够让人惊喜和令人开心的了。社会化媒体考官（Social Media Examiner），是一个为小型企业服务、提供有关社交媒体服务且具领导地位的博客，在没有使用任何付费广告的情况下，其粉丝群在不足一年间，已给予其超过2.5万个"赞"。它的员工学习了所有的基本知识，例如如何应对各种问题或意见，并分享有价值的内容。但有一项不同于其他企业的是，每当有额外1 000名粉丝加入，它便会公开表彰、感谢某人。因此，当社会化媒体考官有5 000名粉丝时，它会向其他社群公布，拥有6 000名粉丝时亦如是，而在接近三万名粉丝时，它仍然以此方式庆祝这一时刻。这与商店向第100万名顾客的推广相似，除了表彰和感谢外，粉丝并没有得到任何实质的东西。然而，在成千上万的人之中被认出来的感觉是很好的，并且微妙地提醒了社交网络中其余的粉丝，该社交网络正在增长。

Crowdrise，一个由演员和慈善家诺顿（Edward Norton）成立的网上捐赠社交网络，使用Twitter感谢人们的发布、捐款和参与，也常常随机赠送帽子、海报和T恤给捐助者。Crowdrise说感谢的方式与大多数人平时所说的明显不同。为崇高的事业捐款，你会得到他们的一条信息，如"愿你有奇妙的一天"或"祝你有美好的一天"。无论你那天过得怎么样，当你接收到这样的信息时，必然会发出会心的微笑，你可能还会告诉自己的朋友。试想一下，如果一名会计师总是发信息给他的新追随者："希望你的日子不会过得太艰难"，或是一名律师感谢有新的LinkedIn链接时说："愿法律与你同在"。面对这些与众不同，甚至是了不起的语句时，除了感动和持续关注，你还有什么好说的？

与避孕套的惊喜对话

2009年年底，纽约市卫生局想炒作其"NYC安全套"运动。纽约市安全套是美国第一市立品牌安全套，政府计划每年赠送超过1 000万个免费避孕套，为整个纽约推行安全性行为。

该部门想用Twitter来为纽约人制造惊喜，希望他们在做愚蠢的行为前稍微停一停。因此，它创建了一个Twitter账户（Twitter.com/NYCcondom），并让避孕套自己发言。他们开始于夜间在Twitter上进行搜索，搜索关键词如"上床"、"勾搭"和"狂欢一夜"。根据人们的谈话内容，找出很可能需要避孕套的纽约人。

然后，每天晚上"避孕套"便会用有趣的信息回应人们，如：

带我走，我会保护你。
不要把我留在家。
如果你需要我，今晚一定要戴着我。
在纽约市约会？带上我吧，我很随和的。

人们感到惊讶，甚至感到震惊。大多数人的反应是，很高兴能与"避孕套"有一个意外的"直接对话"。一些用户表示，他们真的会带上一个安全套，并感谢纽约市安全套的提醒。其他人则在Twitter的NYCcondom中分享卫生部门的机智。

当然也会有些人感到生活受到严重影响，因为在Twitter上的谈话是公开的。当一个由政府机构经营的Twitter用户给自己发来信息，提醒自己正在计划与网上的某人进行性行为应该使用避孕套时，这种发布可能会引起不安。不过，虽然此运动一定会导致很多炒作行为，让很多目标人群即所有纽约人感到惊讶，并影响到一些人的行为，但避孕套所带来的信息，却可能挽救一些生命。

创造惊喜 让公司增长

创造惊喜时，你该如何建立制度和程序让周围的人微笑？你如何能够鼓励一个对话文化，让你从越来越多的社会化媒体竞争对手中脱颖而出？如果你能真正奖励你所有的粉丝和追随者，你就能激发大量的网上拥护者。综合以往经验，为你的顾客和潜在客户带来价值和喜悦，当他们有所需要时，他们会记起你；而当别人有所需要时，他们亦会推荐你。

实战招式

1. 制定策略，如何可以在社会化媒体上超越顾客的期望，给他们惊喜？首先，从消费者角度写下五个能够令他们感到惊讶的行动。

2. 确定有多少预算要花费在Facebook、Twitter或微博的促销、竞赛、赠送礼品和抽奖活动上。根据你的产品和服务，决定你可以为"赞"你的每一个人赠送什么，或当你达到某个里程碑时，你可以赠送什么给所有的"赞赏者"。

3. 创建一个社会化媒体通信计划，当中包括用独特的语言与顾客和潜在客户交谈。不管你有多少预算，一个独特的标语可以使你与众不同，让人们微笑并口口相传。

策略18

让购物变得愉快

> **总是从消费者的角度出发，创造自己亦希望得到的购物机会，让购物变得简单便捷。**

　　2009年12月初，我和妻子各自捧着笔记本电脑窝在沙发里，就像其他乐于使用社会化媒体的夫妇一般。嘉莉登录Facebook，检查所有朋友和她"赞"过的网页的最新更新，当看到一则关于"在《奥普拉脱口秀》（The Oprah Winfrey Show）节目中见过的the Limited新围巾"的消息时，她对此很感兴趣，点击之后，出现了一个"购物车"，里面有各种颜色的围巾可供选择。

　　但与以往点击过的其他网上购物车不同的是，这条消息出现在Facebook的"动态消息"里，而不是出现在the Limited的网站中。出于好奇（虽然围巾是不错，而且真的在《奥普拉脱口秀》的节目中出现过），她整个的购物过程都没有离开过Facebook，并最终输入了信用卡数据购买围巾。围巾在两天后送到家中，但在此之前，我的妻子已经与数百个Facebook的朋友分享，告诉她们购买这条美丽的围巾有多么容易。

　　嘉莉在the Limited买围巾，但the Limited并不以交易的形式卖给她。在Facebook平台上首次涉及实物交易的众多商业活动中，the Limited使过程变得简单，并吸引了成千上万的粉丝。用户可通过the Limited创建的应用程序浏览和购买商品，而无须离开Facebook，the

Limited在过去数月已经与粉丝建立了信任，加上最近在《奥普拉脱口秀》中曾提及过，更是增加了知名度。综合以上各方面，这些都为the Limited提供了暂时从社交渠道转成销售渠道的机会，并带来成千上万美元的直接收益。

让销售变得简易

短短数年内，Facebook和其他社交媒体发展迅速，而且根据定义，它们主要是社交渠道，而不是销售渠道。但是，这并不意味着不能使用Facebook进行直接销售、推广或令业务增长。大多数人的期望是，他们希望通过Facebook或其他社交媒体与他人联谊，而并非购物。为了有效地改变社交媒体，使它成为销售渠道，你必须尽可能地使购物过程变得轻松和令人满意。你还必须谨慎行事：如果你的销售手法逼得太紧，你会损耗所有辛苦得来的、非常重要的信任和赞美。

每个营销人员心中最大的问题是，如何利用社会化媒体赚钱？把所有时间和金钱投资在这上面，有什么真正的回报？提升投资回报率（return on investment，ROI）有多种形式，以下列举数个例子，包括提高品牌知名度和信誉、增加忠诚度和购买次数、更多人提出建议、减少广告上的需要。但直接销售呢？答案是，如果你遵循本书策略1~17中所提及的所有策略，建议你在Facebook上向人推销时，尽可能地让销售过程变得简单、有趣和值得分享，永远不要过于强硬。

想想以下情况：如果你要吸引网络上的潜在客户，向适当的人选提供好的产品或服务，并使购物过程变得容易和令人信服，那么你根本不需要硬性销售。销售和市场推广通常都具有破坏性，而且不讨好。但购物通常会被认定为是有趣、有回报，有时甚至是令人兴奋的体验。所以，你应该想想如何制造在社会化媒体上购物的机会，而不是销售和营销的机会。

这里有多种直接通过社交媒体网络和网页销售产品或服务的方式。表18-1是几个Facebook应用程序的例子，有助于你开设商店！

表18.1　五个有助于你销售的Facebook应用程序

程序	网址	好处
8thBridge	8thBridge.com	创建轻便、个人和参与度高的电子商务平台
Payvment	Payvment.com/facebook	为Facebook页面开设企业级的商店
Shop Tab	ShopTab.net	在Facebook设立专卖店，方便、快速、成本低廉
Shoutlet	Shoutlet.com	在同一个平台建立、参与和测量社会化媒体营销传播
Show & Sell	NorthSocial.com/store/show-sell	把Facebook页面变成商店

小心购买应用程序

最重要的是，你需要把重点放在购买过程的技术上。购买过程越流畅，你的粉丝、追随者和用户成为顾客的机会便越大。创建一个简单而功能强大的网页版、iPhone版或Android版手机应用程序，最好三种程序都有，并让它们变得更加个性化。请确保Facebook网页或网站有一个易于使用的购物车，对于没有需要或能力走高科技路线的人（如医生、律师和会计师都不可能提供"购物车"服务），只需要确保其拥有最好、最引人入胜、最友好的员工接听电话或在门口招呼别人便可以了。

购物过程越完美无瑕，产生的销售结果便越完整，并引起越多回应，越有助于增加销售机会。

优化社会化媒体准则

在Likeable Media，我们建议客户使用Twitter时，按照一套"TWEET"（由首字母缩写成）的简单准则：

- Trust-building (建立信任)：建立关系
- Wisdom (智慧)：向业界领袖和顾客学习
- Ears open (打开耳朵)：聆听对话
- Establish your brand (建立品牌)：创建强烈的存在感
- Teach the world about what you do (告诉全世界，你在做什么)

当然，这不是什么销售记忆法，甚至与营销无关。但如果针对合适的人，你能够在聆听、学习和建立信任方面表现出色，能够在合适的粉丝群当中建立品牌，能够与人们分享关于你和企业的工作，那么便无须推销。人们已经知道你所提供的产品和服务，准备就绪时，他们便会向你购买。购物过程越少出现阻滞，结账或订购过程越清晰简单，顾客便有越大的机会感到满足。

最终，还是要确保粉丝和追随者知道你做什么或出售什么，并给顾客提供一个购物机会。你可能是世界上最吸引人、透明度最高、反应最灵敏和最细心的公司，但如果你从来没有真正告诉人们你在卖什么，告诉他们该如何购买，你便不能优化社会化媒体的存在。

看透Facebook的销售渠道

传统的销售渠道包括意识、意图、触发点，继而引发购买行为。Facebook或其他社交媒体的销售渠道也包括购买，但它需要一个较长的过程才能达到销售目的（见图18.1）。首先，必须让别人认识你，给你一个"赞"。然后，引导你的潜在客户，通过一系列的互动，吸引他们并向他们提供有趣、有教育意义或有价值的内容。当顾客准备购物时，你只要给他一个明确、简单的购买途径，便可以触发销售行为。

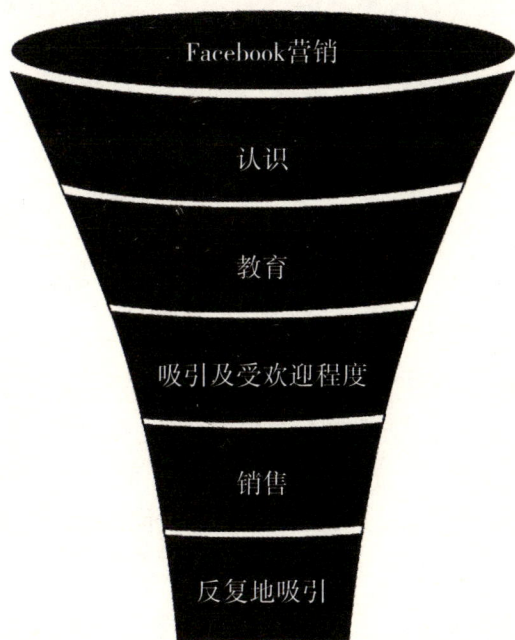

图18.1　Facebook的销售渠道

　　与传统的销售渠道相比，Facebook销售渠道的取胜之处在于，销售不会仅此一次，只要顾客是"赞赏者"，就会永远与你联系在一起，除非他选择"不喜欢"你。因此，在销售之后，你仍然可以与顾客建立密切关系，提供直接购买你的产品以外的价值。初次销售后，在社交媒体上与顾客保持联系，亦带给你庞大的新优势，利用顾客的社交力量，向其朋友和追随者介绍自己的企业。通过Facebook进行销售，过程显然较长，但能够有更多的人购买，而且在顾客网络中，将会有更多的人认识你。

活用社会化媒体和库存管理

　　当你的库存供应有限并需要提供折扣促销时，没有什么比通过社会化媒体来得更有效快捷。航空公司、酒店、电影院是因使用社交媒体而受惠的行业，尤其在飞机起飞前、预订房间前或是银幕升起前。一般来说，任何类型的公司和企业都可以从周详的库存管理、价格管制、分配，以及使用有助于它们成长的庞大社会化媒体的社交网络中受益。

戴尔计算机的超赞销售

使用Twitter出售库存最成功的是戴尔计算机。通过其拥有超过150万名追随者的@ DellOutlet的Twitter账户，戴尔售出了超过700万美元的翻新计算机和其他电子设备。

戴尔公司是如何做到的呢？当它有过多库存产品时，便为该产品提供大幅度的折扣，然后在Twitter中分享一个设有时限的购买链接。这种做法在产品实时卖出的同时，亦创造了好的口碑。而且，更多的Twitter用户成为戴尔的追随者，因此，当该公司再次提供此优惠时，将会获得更多的销售机会。

你有没有想过，为什么在最后一刻获得的机位更昂贵，而不是更便宜？在最后一刻购票的旅客，要么为航班支付巨额款项，要么被迫作出其他旅行安排，这通常导致航班出现大量的空座位。捷蓝是第一家利用社会化媒体来解决"空座位"问题的航空公司。它开启了@ JetBlueCheeps的Twitter账户，致力于分享有限的库存，即最后一刻的优惠机票。虽然每张机票赚取39~89美元不等，并未能为捷蓝航空带来大量的收益，但这个结果总比让座位白白空着要好得多，顾客也多了拿到便宜机票的机会。

你有没有可以提供大幅折扣以便迅速卖出的存货？请记住，除了提升眼前的销量外，你还可以在媒体上引起关注，让传播速度快如闪电。你的顾客可能会再度光顾，甚至带来新的顾客。

摸清团购的运作

本书策略11中提到的Groupon及其他模仿者，专门为顾客提供很好的网上交易，只要在同一时间内有足够多的人购买。该模式很简单：提供大额折扣，保证有一定的购买数量，使用电子邮件和社交媒体工具，确保这个优惠的交易信息可以迅速蔓延。Groupon十分成功地为当地的餐厅和水疗中心在非高峰期找来顾客，甚至为大品牌（如the Gap）带来庞大的网上销售。请注意，它不是向顾客推销，而是创造动机，吸引消费者购买。

营销人员和企业经营者面临的问题是，Groupon的项目已经打折，收入大幅削减，大大降低了公司的投资回报机会。Groupon的模式是从已提供50%折扣的产品或服务中，赚取其中的50%，即该公司每出售1美元的库存只赚取25美分。增加的收益，加上由交易引起的回应和增添新的顾客，足以让许多组织受惠。但某些企业面临的挑战是，Groupon交易的数学运算根本不能使其客户公司获益。

理想的解决方案是，建立足够多的追随者，这样便可以通过数据库进行团购，并消除任何潜在的中间环节。使用团购模式并向顾客直接销售。不论你使用电子邮件、Facebook、Twitter，还是其他数据库来提供优惠，这些都不重要。只要你能够为可能感兴趣的交易者提供足够大的空间，让一大群人向你购买，你便可以从群体购物中获益。Wildfire Interactive（Wildfireapp.com）写了一个"团购"应用程序，不仅易于在Facebook的页面安装，而且相对便宜。当然，你仍然必须吸引大众参与交易。

购物机会+Facebook更新=销售大成功

如果社会化媒体的目标是为社交网络创造引人入胜、有价值、可爱的内容和经验，而企业的目标是为潜在客户制造引人注目的购物机会，请考虑把这两个目标通过Facebook更新配对起来。例如，假设你负责鞋的市场营销和销售，吸引社交网络的Facebook更新例子可能就是："你认为美国妇女通常穿几号鞋？"而引人注目的销售更新例子可能是："点击这里，享受我们最新女装鞋系列的50%的折扣（链接）。"

通过吸引社交网络中的人，你正在创造价值，优化人们的Facebook消息。把吸引别人的更新融合进令人信服的优惠中，为你的粉丝提供好的购物机会，这也是在为你的企业提供同样巨大的销售机会。

电子商务激活销售

当1-800-Flowers.com成为第一家拥有容易记住的1-800电话号码的花店时，它就抢占了整个美国的花卉市场。其后，它更早于其他花卉公司，通过自己的网站建立了一个强大的电子商务平台，不断占领市场。现在，1-800-Flowers.com继续主导美国的花卉市场，因为它深知电子商务和社交媒体的关联。

2009年，1-800-Flowers.com通过第三方技术公司8thBridge，成为世界上首个在Facebook上建立商店的零售商。交易由开始至结束，都可以在Facebook的平台Facebook.com/1800Flowers中完成，为顾客创造轻松、令人信服的购物体验。更重要的是，该公司已发展出粉丝群，而且人数可观，在Facebook上有超过11万名的顾客。它每周都会举办活动和比赛、提问，并听取收到的反馈。面对顾客查询，它也能迅速回应，而且具有透明度。此外，它更能激发顾客分享故事，并为粉丝带来惊喜和快乐！

永远从消费者的角度出发

直推式营销策略（push-marketing）的时代迅速接近尾声，我们要为消费者开创更美好的时代。始终从消费者的角度出发，创造自己亦希望得到的购物机会，让购物变得简单便捷。继续为你的社交网络群体提供价值，而且要有耐性。为顾客创造简单易用的购物机会，让他们随时随地都可以选购你的产品，销售量自然不请自来。

🔑实战招式

1. 评估目前的网上购物流程。你网上的购买过程有多简单、多引人注目？作为消费者，你对于在自己的企业购物有多感兴趣？

2. 研究社会化媒体的销售应用程序，从表18.1或其他策略讨论过的应用程序中，选择其中一个，并融入你的网页。根据你的业务，开发简单的手机应用程序，不论人们身在何处，在他们有需要时，都能够找到你，购买你的产品。

3. 写下五个社会化媒体更新的样本，把吸引别人的问题或有价值的内容，结合一个不可抗拒的优惠信息，链接到你的网站购买或了解更多信息。用测试、追踪和测量结果，优化未来的投资回报率。

总结

令人赞许的四大要素

　　营销、媒体和沟通的模式正在经历巨变。Facebook和其他社会化媒体开创了新时代，令企业的透明度大增，亦赋予消费者有史以来最大话语权。毫无疑问，如果你的企业可以因此转变思维和策略，通过社会化媒体成功开展相应策略，就能捕捉庞大商机。

　　新的社会化媒体工具和网站铺天盖地，而所谓的专家却散布互相矛盾的信息，或强调完全不同的重点，使形势更难掌握。企业多以实质成果为驱动力和测量准则，但由于使用社会化媒体往往不能立即显现成果，反而使用传统的营销策略，成果却多能立竿见影，这就诱使你依靠传统的营销策略，而不使用社会化媒体。记住，千万要抗拒这种诱惑。

谨记四大概念

　　本书所述的18个策略，将引导你构思、创作和实施社会化媒体计划。如果你熟悉顾客们如何使用Facebook和其他社会化媒体，这将有助于你知道该将资源分配在何处，以及如何分配。通过社会化媒体了解可用的工具，让你的工作事半功倍。但是，这一过程势不可当，而本书的部分内容亦可能较难消化和落实，所以我的建议是，在你首次探索社会化媒体的可能性时，你必须专注于四个重要概念：聆听、具有透明度、作出回应、讨人喜欢。

好好聆听

社会化媒体的最大转变是，你有能力聆听顾客和潜在客户的公开讲话。从今天起，你可以免费收听，这将会为你完成所有社会化媒体营销和广告目标做好准备。认识你的顾客，聆听可以让他们永远爱戴你。说话前先聆听，开始说话后，亦要继续聆听。

拥抱高透明度

人们喜欢别人诚实透明，而你亦是如此。然而不知何故，很多企业和行业在业务方面都遮遮掩掩，甚至不诚实。拥抱透明度吧，当你陷入困境或事情不按计划进行时，请诚实地说出来。随着时间推移，互联网变得越来越透明，对消费者来说，这种情况极为有利；如果你是营销人员，若能够接受它，这亦是一件好事。

回复每一个诉求

全世界都谈论你，并与你对话。人们到处谈论着他们的问题，你可以为他们解决问题，而且比竞争对手做得更好；世界正在把其需求告诉你，而你的组织可以帮助他们。每当顾客或潜在客户在社会化媒体上公开讲话时，这是让你回应和参与的机会。若你不回应，便会得到负面印象，或者给竞争对手留下答复的机会；如果你每次都回应，便有机会为顾客、潜在客户，以及他们的所有朋友留下好的印象。

对待顾客　将心比心

最后，你的受欢迎程度等同于你在社会化媒体上有多成功。"受欢迎程度"这几个字基本上可以分为两方面：令人赞许的商业手法和令人赞许的内容。令人赞许的商业手法是指将心比心地对待顾客，在作出每个影响顾客的决定时，均需要遵循这一金科玉律；令人赞许的内容是指在Facebook或Twitter上，只分享能够吸引你的内容（假设你是接收信息的一方），点击一下"赞"的内容更新，创作和分享一些在消费者角度会给予

"赞"、评论和"分享"的故事、文字、照片、视频、链接与应用程序。要令人赞许，必须时常尊重社群，并为社群增值。

这只是序幕

现在是时候走进社会化媒体，并应用本书的内容了：利用社会化媒体来拓展公司和实现组织的目标；如果你有问题、建议、表扬或投诉，可随时到Twitter.com/DaveKerpen或Facebook.com/LikeableMedia上发信息给我，我希望有机会向你证明，我具有高透明度、愿意作出回应和令人由衷赞许的态度，我知道你也会。

请保持惊喜和令人由衷赞许的态度，我们在Facebook上见吧。

附　录

复习指引：最重要的社会化媒体

最近我和妻子嘉莉买了新房子，看着她忙于家居装修、装饰、购买家具，我观察她如何消费，如何利用社会化媒体搜索有用信息并作出消费决定，哪些网络影响了她，以及如何影响她的选择。

一个家居装修的故事

每一个社会化媒体用户，都有自己使用网络的模式。我的妻子是近十亿用户中的一员，Facebook让她链接到过去和现在的真实朋友。如果你在"现实生活"中遇到嘉莉，说不定她与你在Facebook上亦会结为朋友。但是，她使用Twitter与名人联系（她秘而不宣的乐趣就是阅读贾斯汀·比伯（Justin Bieber）、阿什顿·库彻（Ashton Kutcher）和海蒂·蒙塔格（Heidi Montag）的tweet），并与她不认识但有共同兴趣的人联系：妈妈群组、社会化媒体顾问和住在我们小镇的人。她还通过Twitter链接她热爱的品牌，LinkedIn是她接触过的专业人士名片盒，YouTube是她学习从没做过的事情的学校。作为一个活跃的互联网和社会化媒体用户，她还使用其他社会化媒体和工具。

现在你已经得到了嘉莉的社交DNA，让我们来看看她的行动。她装修新房子的第一步，是找装修承包商。其中涉及三件事：第一，通过Google搜索，她发现了ServiceMagic，一个为家庭服务供应者而设的社交评论网站，她能够在那里查看关于承包商的评论；第二，她向Facebook朋友发布，询问是否有人懂得修补屋顶（或他们可有朋友懂得此事宜）；第三，她在Twitter里向她的追随者抛出了同样的问题。得到回复后，她将Facebook朋友（她视为最宝贵的）意见与她Twitter追随者的意见进行了互相参照，然后，她便在ServiceMagic查询推荐的承包商，检视他们的评论。嘉莉最终亦发布自己的评论，赞扬承包商极好的工作表现，而且，由于Facebook与ServiceMagic整合，她能够向Facebook朋友分享评论，而该评论收到了十个"赞"。

现在，来到家具装饰的环节了。我和妻子有上千本书籍，幸好，我们的房子有传统的客厅和落地书架。为了创造完美的书房，嘉莉在Google中搜索，偶然发现了一个叫Houzz的网站，一个小众的社会化媒体，其中家具店员和设计人员会把他们的建议制成相片展，并按主题分类。她发现约有六张相片专属书房，她便把每一幅图推送给她的朋友，并请求反馈。她甚至因此认识了在Houzz网络中的其他人。

后来，嘉莉在Facebook上不断互动，在"动态消息"中，看到了一家她以前喜欢的家具店Raymour & Flanigan的有趣发布："想为你的家打造一个梦想书房？希望有安静的空间、完美特色的书房，请点击这里。"这将链接到为书房或研究室而设的家具，包括现时在我们华盛顿家中的电壁炉。Raymour & Flanigan在嘉莉作出购买家具饰品决定时送来信息，是不是个巧合？不是，嘉莉在一星期前决定成为Raymour & Flanigan的Facebook主页粉丝，因她知道它有家具和搬家业务。

Raymour & Flanigan以智能营销的方式与嘉莉建立联系，同理，任何设计师在寻找有关布置书房的tweet时，都可以与她在Twitter上建立联系，或者任何Houzz的设计师都可以要求估量她空置的地方并提供建议。这些成熟的网络营销让你与消费者联系在一起，你只需要弄清楚你的客户和目标群体如何使用这些网站，然后以最自然的方式与他们联系就可以了。

搬进新房子后，嘉莉使用YouTube来学习如何布置这个完美的书架，我不得不承认，我们那一晚很开心，喝着酒，看着我们的书，并订下实用和亮丽的排列。谢谢YouTube，带给我们家一个浪漫之夜。

不同网络　相同渴求

我们的家居装修故事说明，许多社会化媒体的融合，在我们现在的生活中是十分普遍的。你和你的朋友每天都在使用社会化媒体，它们能够大大地影响你作为消费者的行为和决定。要想有效地利用社会化媒体为自己的公司做营销和广告，你首先要充分认识所用的工具。

每个人都以不同的方式使用社会化媒体，我们都有自己特定的社交DNA。虽然Facebook是最重要的社会化媒体，但到头来，每个用户都在寻找同样的事——联系和回应，说话和聆听，只是他们选择在不同的网络中进行不同的联系。这里有成千上万的小众社会化媒体，所以值得你寻找有什么社群最适合你的企业。

由于我们不能研究所有这些小众网络，我提供以下数据，作为复习有关的主要概念及其基本使用方法，以及营销人员该如何把社会化媒体纳入计划的建议。无论你选择什么网络，你都应该考虑把它们与Facebook整合，并使它成为你社交策略的一个枢纽，那么你的Facebook将非常丰富，而你的效果也会大为增强。

这是一本给社会化媒体新人的入门书，给社会化媒体老手的复习书，它能帮助你更好地了解全书讲述的18个策略。仔细查找以下资料和统计数据，因为即使是社会化媒体的运作老手也可能会发现一些令人赞叹的内容，这能够帮助他们进一步了解在线社会化媒体的能力、工具和影响力。

Facebook从六亿人中锁定目标群体

Facebook是世界第一大社会化媒体，有超过六亿人使用其服务，每天有近100万名用户的增长率。Facebook有三个部分：个人档案、群组和主页。

● **个人档案**：这部分是由用户注册的服务内容，用以确定自己的身份，并与他人互动。当两个人成为朋友后，他们便能够平等地获取对方的信息流；当两个人在Facebook上联系，他们就被认为是"朋友"。

● **群组**：任何人都可以启动并加入任何话题或自己感兴趣的群组。有些团体是官方性质的（如"奥巴马竞选总统的官方小组"），许多团体却是非正式的，甚至是无聊的（例如"加入这个群组，我便会戒烟"或"卑鄙的人令人讨厌"或"我爱我的Pop-Pop"）。Facebook群组最好的用处是，员工、部门、俱乐部或其他团体的人都可以进行内部沟通。群组可以是公开、私人甚至是秘密的，即没有任何群组以外的人可分享组内的事情。

● **主页**：通常也被称为"粉丝主页"或"企业主页"，是企业、非营利组织、品牌、政府、知名人士，以及其他公众人物正式的代表和发言页。在Facebook平台的主页里，你可以为你的客户和潜在客户提供最多的机会，建立一个反应灵敏、具有透明度和吸引力的品牌。Facebook主页的操作与个人档案相似，只有几个明显的区别。首先，主页是单向链接的，当个人链接到企业主页时，他已经获得了企业的消息流，但企业并没有获得其个人的消息流或数据；第二，主页增加了网页的功能，应用程序可以添加到企业的主页，复制任何企业希望在自己网站出现的东西；第三，可以说是最重要的，主页的术语是不同的。当一个人链接到一个Facebook的主页时，他"赞"这个业务、公众人物或此主页的代表，而不是与个人成为"朋友"。

擅长文字的人会同意，语言是重要的，但Facebook或其他社会化媒体在使用不同术语方面却并不是这样。例如，MySapce并没有区分个人和非个人，统称所有链接为"朋友"，但这一术语最终变得毫无意义。你与认识的人做朋友，而不管你多么爱你最喜欢的谷物品牌，它都不是你的朋友。Facebook最初的个人和企业之间的差异，是要求人们在主页"成为粉丝"。虽然这对某些类别的设置有效（你可能是纽约大都会 (New York Mets)、奥巴马和阿什顿·库彻的粉丝），但你不会"成为Cheerios麦片的粉丝"，而你会"赞"Cheerios麦片。当Facebook把术语由"成为粉丝"改变为"赞"，就实时多了数百万人点击的"赞"；今天有几千万个代表企业和机构的主页，而一般人会"赞"5~50个主页，亦有些人会"赞"数百个主页。

"赞"的内容——主页和朋友

2009年2月，Facebook添加了一个功能——"赞"你的朋友或粉丝主页分享的任何内容。这一举动可以让人们对内容表达同意或认可变得轻松，而不必输入完整的意见："我喜欢这个。"在时间日益宝贵的世界中，Facebook将所有内容都添加了"赞"的按钮，鼓励更多的互动，而每点击一下"赞"，你的朋友和Facebook对你和你所发现的宝贵内容，都会有更深入的了解。

社群主页、社群外挂组件和地标

2010年，Facebook为求重组社会化媒体，增加了三个主要功能：社群主页、社群外挂组件和地标。

● **社群主页**：这些主页并不是由任何企业创建的，但它们代表着数百万个实体，社群主页是未经授权的粉丝主页版本。2010年4月，Facebook从用户陈述的兴趣、"赞"、学校、工作和回应中，自动生成了650万个主页。这些社群主页往往包括一个维基百科 (Wikipedia) 条目，并显示有关该企业、组织或主题的任何公开发布。来看看下图，你会看到我们的企业，Likeable Media的官方主页（图A.1）及其社群主页（图A.2）。这些社群主页添加了数以百万计的社交链接，使人们能够找到与他们有共同兴趣、教育背景和职业的人。

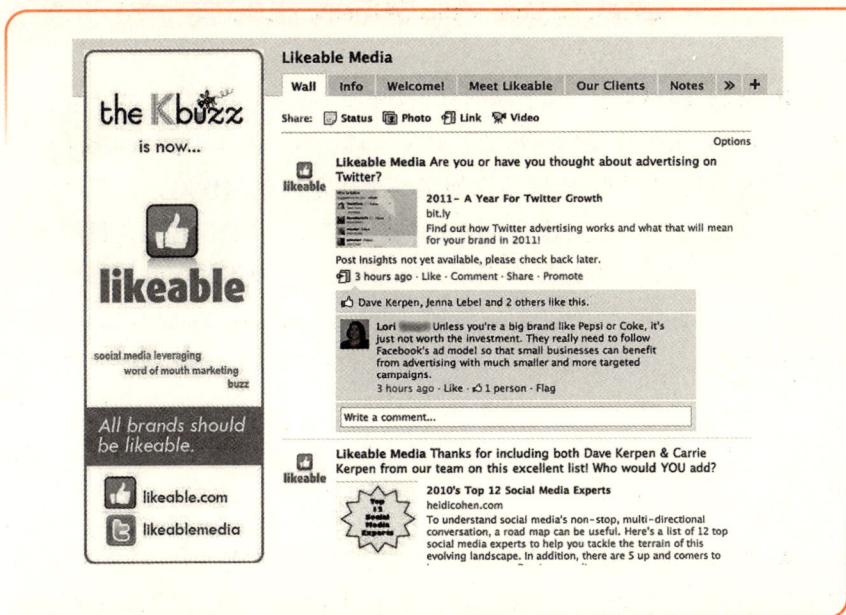

图A.1　Likeable Media的官方Facebook粉丝主页

Likeable Media
Company

Related Posts by Friends

Eric Sebastian Arcidiacono
Sushi for lunch courtesy of Likeable Media = awesome. Thanks Dave Kerpen!
about an hour ago · Like · Comment

Michael Nazli, Bryan Ernesto Melendez and Joseph Amodio like this.

Dave Kerpen NP. Amazing how many ppl made it into the office
20 minutes ago · Like

Write a comment...

Frank Emanuele
is trying to get to the first day of his new internship at Likeable Media
6 hours ago via Android · Like · Comment

Faith Parke likes this.

Write a comment...

Katie Beckmann
Check out this great post by Michele Weisman from Likeable Media .

11 Social Media Resolutions for '11 | Likeable Media
www.likeable.com
by Michele on 27. Dec, 2010 in social media

Yesterday at 3:47pm · Like · Comment · Share

Info
Related Posts

53
people like this

12 Friends Like This   See All

Mallorie Rosenbluth
SUNY Geneseo

Joseph Amodio
SCAD

Dave Kerpen
Kbuzz

Leo Mikinberg
CUNY Baruch

Allie Herzog

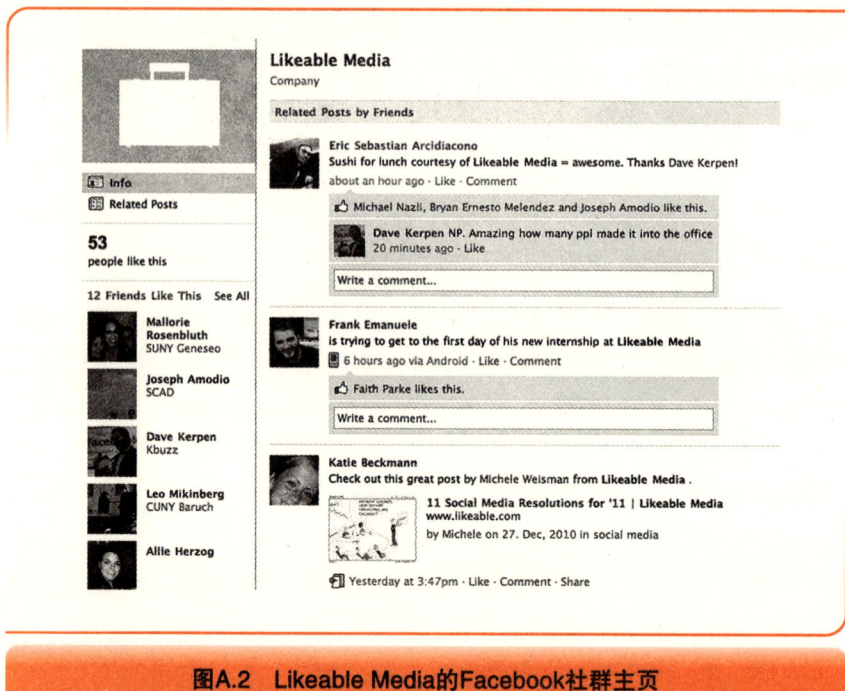

图A.2　Likeable Media的Facebook社群主页

● **社群外挂组件**：这个功能真正让Facebook从一个巨大的社会化媒体，变成负责重组你社交图里的互联网主体。2010年4月，Facebook发布了"社群外挂组件"，给网站添加了一个非常简单的代码，一个将人们在Facebook上发布的信息转化为网站体验的按钮，"赞"按钮是目前最突出的例子。自"赞"按钮发布以来，有超过200万个不同的网站都添加到自己的网站链接里。（你也可以做到，请到Developers.Facebook.com。）只要单击"赞"，人们便可以向他们所有Facebook里的朋友赞赏网站、产品、文章、图片或视频。未来光顾网站的访客，会看到之前有多少人"赞"过这个页面或对象，更重要的是，他们可以看到有没有自己的朋友也给了"赞"。

● **地标**：此功能于2010年底推出，允许每个位置在Facebook上有其"地标"页面，并提供"交易"给"签到"的客户。如果你的业务有实体的店铺或厂房，此功能就特别重要。我们稍后讨论foursquare时，会再多说一点，但你要知道，你有能力要求自己拥有一个"地标"页面，如果你拥有或正在负责该位置的营销。换句话说，如果你的企业或组织有实际的地点，你可以要求一个或多个适用于你组织的地标页面，然后利用这些网页进行传播和营销。

这种个性化的网页比没有特色、以链接驱动的网页（Google以前曾做过的）有更大的吸引力，且效力非常之大。要充分认识"赞"的潜力，最好的办法就是体验它，如果在你附近有计算机或智能手机，请把书放下，到RottenTomatoes.com浏览。这个电影评论网站增添了一个深度整合的Facebook社群评论代码，Facebook称之为"实时个性化"，所以只要你登录Facebook，当你浏览该网站时，你便会看到你所有的朋友发布的"赞"、评论或于网上谈论的电影。你愿意看评论家的电影评论，还是与自己的亲友分享你的兴趣和口味？

多亏Facebook，RottenTomatoes.com可以在网络上提供更好的电影预览经验。这个"赞"按钮，以及接近十亿人公开"赞"自己喜欢的品牌、企业、名人和想法所带来的影响力非常巨大。我们都同意，朋友间的口碑是最强的营销形式，而现在，Facebook比以往更容易让你看到你朋友的建议，以及他们的一言一行。请记住，这只是用户增长的早期阶段，随着人们不断加入Facebook，包括更多的网民会把Facebook评论代码整合到他们的用户体验中，网络将变得更具有个性，更容易找到人、地点和你朋友已经"赞"过的事情。

在Facebook上两个最需要重点考虑的功能是：企业网站的粉丝主页和如何实施Facebook社群外挂组件。在你的粉丝主页里，你可以有一个默认的"登录页面"（landing tab），这是给第一次到访的人建立的地方，由它介绍你的网页。请看看表A.1几个登录页面的例子。

表A.1　十大Facebook登录页面	
品牌	**网址**
Aflac	Facebook.com/AflacDuck
CareerBuilder.com	Facebook.com/CareerBuilder
Dunkin' Donuts	Facebook.com/DunkinDonuts
1–800–Flowers.com	Facebook.com/1800Flowers
H&M	Facebook.com/HM
Michigan State University	Facebook.com/Spartans.msu
Ocean City, MD	Facebook.com/OceanCity
Vitamin Water	Facebook.com/VitaminWater
Uno Chicago Grill	Facebook.com/UnoChicagoGrill
Zippy's	Facebook.com/Zippys

　　一旦人们"赞"你的页面，它就能说明你的社群的吸引力，可以通过状态更新、图片、视频、链接和应用程序，如虚拟礼物、竞赛和促销去吸引人们按下"赞"（见表A.2）。

表A.2　最吸引人的五大Facebook状态更新
相片
视频
链接
问题
互动应用程序(投票、测验、虚拟礼物)

　　你可以在你的Facebook粉丝主页的互动网站上，真正融入你想要的任何功能。

　　把社群外挂组件纳入你的网站，想一想，它们把Facebook平台带到你的网站，而主页把你的品牌带到Facebook。最流行的外挂组件是"赞"按钮，其他包括"分享"按钮、"推荐"按钮和"动态留言板"(Livestream)。有关完整列表的最新社群外挂组件可从Facebook中添加到你的网站，请到Developers.Facebook.com/docs/plugins浏览。

Facebook最好的工具和策略一直都有很大的变化，因为Facebook是不断创新的，企业一直致力于优化可以应用的工具。这是一项艰苦的工作，为了尽量保持在Facebook上的流行度，并充分利用Facebook使其成为你的优势，请看看表A.3的五个值得一读的博客。

A.3　五大追上Facebook潮流的博客

博客	网址
All Facebook	AllFacebook.com
The Facebook Blog	Blog.Facebook.com
Inside Facebook	InsideFacebook.com
Likeable Media	Likeable.com/blog
Mashable	Mashable.com/social-media/facebook

Facebook肯定是网络上最大的社会化媒体，并将会持续相当长的一段时间。但这绝对不是唯一的社会化媒体。

Twitter：实时参与　实时通信

在所有的社会化媒体中，如果Facebook是消费者的高中同学聚会、读书俱乐部、游戏小组，那么Twitter便是一个胡言乱语、一瞬间、迷幻的地方，它可以让你通过140个字符的交流，在任何时候向任何人说任何事情。Twitter于2006年诞生，在媒体和名人的推动下，网络在五年间有逾两亿名来自世界各地的用户。Twitter仍然受我所说的"自恋狂综合症"的影响，如果你和许多人一样，认为Twitter是一堆名人和自恋狂在四处奔波，以他们生活上的细枝末节淹没其他人，比如分享他们的早餐谷物品牌，虽然Twitter上肯定有这样的人存在，但仍有很多人在那里学习、分享、成长，就如在同一个鸡尾酒会上。

在Twitter上有三种方式用于分享：一般更新、@回复和直接信息。

● **一般更新**。又称tweet，谁追随你，这些信息就会在消息流上出现。

● **@回复**（@replies）。这些消息是为了得到一个或多个Twitter账户的注意，而不打扰其他用户。例如，如果你与@DaveKerpen（我的Twitter用户名称）互相关注，可以看到你发布消息的便只有我及其他追随你和我的人。这种安排把对他人的干扰降至最低，只要你大多数的信息都是@个人的，这便允许你有效地发布信息无限次，而不打扰不直接参与对话的人，并可以保持你Twitter上的消息流是相关的。

● **直接信息**。这些更新是两个用户之间的私人信息，类似于短信。如果你需要分享或索取个人信息，如用户号码或电话号码，这一功能就很方便。

Twitter与Facebook最主要的区别是，Twitter上的谈话通常是较公开的。尽管人们在Facebook上大多与他们认识的朋友分享所见所闻，但只有不足5%的Twitter用户会保持非公开更新，大部分人都选择把对话向所有人完全开放。正因为如此，营销人员能够在Twitter上搜索并看到所有目前正在进行的对话。Twitter搜索对话如Google一般，为无数企业提供深入的了解。

在你考虑社会化媒体策略前，你应该以Twitter为首，找出当前社会化媒体的真实所在。无论他们是提及你的品牌的名称或使用经验，消费者都是在谈论你的企业或其他企业的相互作用，你需要知道他们怎么说，然后才能开始你的具体策略。人们用什么字句描述你企业解决的问题？这些字句都是值得搜索的。如果只有某些地方适用于你，使用"进阶搜索"来看特定的地理区域。

Twitter也是一个令人难以置信的客户服务工具。在这方面，Facebook和Twitter的主要区别是，作为一个品牌，你可以直接发送信息给一个在Twitter上追随你的人，而在Facebook上却不能，除非你发送至其个人档案。（这种情况困扰了很多企业，但这是为了保护Facebook用户的收件箱不被淹没在垃圾邮件中。）另一个Twitter以客户服务为本的原因，纯粹是因为客户已经决定了它的作用。客户越来越希望你在Twitter上提供服务，期望亦只会随着时间的推移而增加。看看表A.4列出的十家企业，它们都在通过Twitter做好客户服务。

表A.4　利用Twitter的十大知名公司	
公司	Twitter用户名称
Best Buy（百思买）	@BestBuy
Dell（戴尔）	@DellOutlet
Home Depot（家得宝）	@HomeDepot
JetBlue（捷蓝航空）	@JetBlue
Kodak（柯达）	@KodakCB
Southwest Airlines（美国西南航空）	@SouthwestAir
Starbucks（星巴克）	@Starbucks
Tasti D-Lite	@tastidlite
Whole Foods（全食超市）	@WholeFoods
Zappos（捷步）	@Zappos

　　你可以在线上直播或主持实时聊天时考虑使用Twitter。人们想要同时与特定的一个人和普通群组说话，Twitter就能处理得很好。例如，如果你想直接联系一个人，就把信息发到他的Twitter用户名称下，那么就只有这个特定的用户才能收到此信息。如果你选择发送至某一群组，在你使用别人的Twitter用户名称，例如祝贺一个用户时，整个群组和其个人都将收到该信息。

　　你还可以使用Twitter举办竞赛和促销活动。Twitter的初学者可以极速上手，所以我建议使用各种各样的应用程序，使你的Twitter体验更轻松、更丰富。见表A.5的名单或到oneforty.com浏览，这里有给成千上万个人和企业使用的Twitter应用程序。

表A.5　五大Twitter应用程序	
应用程序	**网址**
TweetDeck（社交阅读器）	TweetDeck.com
Hootsuite（社交媒体管理平台）	Hootsuite.com
Twhirl（推特客户端）	Twhirl.org
DigiTweet（数码信息）	DigiTweet.com
Seesmic（读写器）	Seesmic.com

要了解Twitter及其所有潜力，最好的方法是，在今天就加入；如果你已经加入了，便要花更多的时间使用此平台。请尝试以下方法：

- 每天花30分钟浏览Twitter.com。
- 追随20~30个你喜欢并想互动的个人和组织。
- 在你的智能手机下载Twitter应用程序。

两个星期内，你就能体会到，以Twitter作为业务手段，将远远超过你今天所做的一切。

YouTube: 视频展示企业文化或产品情况

YouTube是迄今为止世界上最大的视频分享网站，由世界上最大的搜索引擎Google所拥有。YouTube其服务器上有数亿个视频，每月亦新增数百万个视频。使用YouTube来展示你的企业文化、最酷的产品、最好的服务以及专业知识，当人们搜索有关你业务的关键词时，就会出现你的视频。

在线视频提示

1. 内容比生产质量更重要。好的手提式摄像机就能做到。

2. 通常短而亲切是最好的。法则是每个视频为30~90秒。

3. 要有情趣。视频是通过一种伟大的方式来展示你品牌的个性。

4. 不要只在YouTube上发布视频，发布到Facebook、Vimeo和其他网站上。考虑使用TubeMogul，把视频整合到一个网站中。

5. 回答他人的意见。正如你应该回应其他社会化媒体一样，你应该回应人们在YouTube上的意见和问题。

没有一个讲故事的方法能比视频更有效果，到目前为止，电视广告仍然占据营销和广告业的最大部分，这就证明了这一点。（电视客户占全球所有广告支出的32%以上）然而，通过YouTube和其他在线视频频道，你的影片不用像传统的电视广告那般，花大量的钱才能被大家看到。对于你的观众而言，你是否能创造有价值的视频？你的视频是否完全以客户为中心，捕捉他们的目光，并让他们谈论你的产品或服务？不管你是谁，都要你企业品牌的粉丝最关心的事情，生动地在YouTube上呈现。表A.6是五家能够利用YouTube给予的权利，创建自己的视频内容和传播渠道的企业。

表A.6　五个奇妙的YouTube频道

企业	网址
BlackBerry（黑莓）	YouTube.com/BlackBerry
Coldwell Banker（信义房产）	YouTube.com/ColdwellBanker
Home Depot（家得宝）	YouTube.com/HomeDepot
Nike Football（耐克足球）	YouTube.com/NikeFootball
Warner Bros. Records（华纳兄弟唱片公司）	YouTube.com/WarnerBrosRecords

想一想你为什么在网上搜寻？通常是因为你想知道一些东西、如何做某事或哪里可以找到哪样东西。考虑创建视频去回答有关你的产品或客户经验的问题。

此外，不要奢望能在YouTube中创造"疯传视频"(viral videos)并获得数百万意见的想法。有没有可能在YouTube上创造疯传视频而爆红？当然有可能。但想一想过去十个你在YouTube上见过的疯传影片，它们出现的机会很小，如果有的话，都只是由一个企业创建或为一个企业而造，大部分影片都是自然传播的。"制造出来"的影片反而不会爆红，可以让内容爆红的往往也是不能制造的，如人类经验的自发性。即使是模仿的影片，也是根据最初的经验被拍摄成视频并发表到全世界，然后被视作"爆红"作品。

集中回答你的客户或潜在客户的问题，将比你试图迫使视频如病毒般疯传得到更多的观看次数。请记住，你的视频并不是要接触到最多的人，而是要接触到最合适的人。

Foursquare 按地点接触你的客户

毫无疑问，地理定位社会化媒体是未来的一个大趋势。Foursquare、Gowalla、SCVNGR和Shopkick是四大领先的地理定位社会化媒体，虽然赢家是谁，还未尘埃落定。事实上，Facebook的地标适当地进入社会化媒体，使用人数已经是所有其他服务的20倍，所以，说不定Facebook最终有可能成为最重要的社会化媒体。

地理定位社会化媒体背后的想法是，无论你走到哪里，用智能手机的设备"签到"，都可以让你的朋友们知道你在哪里，并分享你的位置，以赢得各种奖励。这能够促使偶然体验，让营销人员在你身处的地方得到本地化的交易。许多社会化媒体的用户还没有完全进入"签到"的概念，隐私问题也仍然存在。但是，这显然为营销人员提供了巨大机会：能与即将购买或即将到访某地的人交谈，是令人兴奋的体验。

Foursquare根据人们的"签到"记录授予他们虚拟的"徽章"，而徽章就是一种驱动行为。例如，到20间不同的比萨店"签到"，将会为你赢得"比萨师傅徽章"；到游乐场"签到"十次，就会赢得"保姆徽章"。如在过去的60天里，有谁在任何既定的位置"签到"次数最多，Foursquare就会封此人为那个位置的"市长"，零售商和餐馆可以给每个位置的"市长"提供优惠，用以奖励其忠诚，或者提供折扣给任何"签到"的人，用以鼓励他们继续传播口碑。如果你自己没有使用Foursquare，"市长状态"(Mayorships)和徽章便看似是愚蠢的行为，但它驱动用户的行为能力却十分强大：超过500万人加入了Foursquare，其中绝大多数人会每天"签到"，从而赚取更多的徽章、"市长状态"和交易（见表A.7）。

表 A.7　Foursquare徽章和市长状态的成功推销之道	
推销	**内容**
Conan Blimp Badge（柯南超级大胖子徽章）	为了给柯南·奥布莱恩 (Conan O'Brien)在美国特纳广播公司 (TBS) 的新节目造势，该网络资助一架有Foursquare "签到" 功能的巨型橙色飞船前往美国各地。当用户到"柯南飞船"签到时，他们便会得到"柯南徽章"。
Golden Corral Badge（金畜栏徽章）	Golden Corral为了推动客户到北卡罗来纳州卡里的新分店，进行了三个月的推广，其中餐厅的"市长"每天都能得到免费的膳食和饮料，而每天第五个到此"签到"的人，将免费获赠当天的一顿膳食。
为群徽章 (Swarm Badge)提供一个机会：AJ Bombers（轰炸机）	这是如何吸引顾客到他们店铺的例子。该企业给Foursquare用户提供机会以赚取"群徽章"(Swarm Badge)(只有50个或更多的用户在同一地点，同一时间"签到"才可以得到)。AJ Bombers的老板乔·佐尔格 (Joe Sorge) 就联同161人到其米尔沃基汉堡店获得了此徽章。
星巴克"市长"获得星冰乐1美元折扣券	2010年春季，全美国的星巴克门店发布了一个消息给他们分店的"市长"："作为此店的'市长'，你们将获得全新'随我所想星冰乐混合饮料'1美元折扣券一张。任何大小，任何味道，皆可选择，优惠有效期至6月28日。"此外，星巴克迷在五间不同的星巴克地点"签到"，也会得到"咖啡师徽章"。

　　2010年11月，Facebook推出了一个自己的手机忠诚计划，名为"优惠"(Deals)。现在通过Facebook的地标，就有四种不同类型的优惠可以提供给客户：

- **个人优惠**：只属于个人的折扣、免费商品或其他奖励
- **朋友优惠**：这需要你和你的朋友一起索取才能得到
- **忠诚优惠**：要成为一个地方的常客
- **慈善优惠**：当你"签到"时，企业会承诺向某个机构捐赠财物

在Facebook地标页面上，任何业务都可以免费使用"优惠"。但Facebook就为企业提供了机会，有优惠时，便可以帮它们进一步宣传。当然，创造优惠并通过Facebook的生态系统自然传播仍是免费的，这对各种规模的组织都是可行的。

Facebook拥有全球6亿用户和逾2.5亿手机用户，因此，Facebook Deals在由Foursquare及其他公司采用的定点"签到"服务上，能够带来实时的规模和信誉。无论这个新平台（Foursquare或其他复制品，甚至Groupon和其他几十个复制品）带来的是伤害还是帮助仍有待观察，但毫无疑问，Facebook Deals将是一个不可忽视的重大力量。

我们不能夸大手机的潜在影响和地理定位社会化媒体的功能。多年来，人们都主张利用社会化媒体如Facebook和Twitter，建立优秀品牌和信誉。但社会化媒体的销售渠道是漫长的：与其说是获得客户，倒不如说是获取"赞"、粉丝及追随者，与他们建立密切关系，当他们准备购买时，在那里等待他们。但是，Facebook Deals允许你发起一个引人注目的优惠活动，并通过Facebook强大的社交图与动态消息将它广泛传播。Facebook Deals的确可以让你在最初的时候，通过社会化媒体快速地推动和获得新客户。

LinkedIn：联系专业人士 招聘与合作

我绝对不是地球上最有条理的专业人士，这一点我毫不否认。以前人们看到我的名片夹时会大为不快，因为我的名片夹总是塞得满满的，每一个角似乎都能爆出来。看起来一团糟但却是我的命根子，如果我的办公室起火，这是我首先会抓住的东西。虽然你可以永远保留你的名片夹，但多亏有了LinkedIn，你的名片夹将迅速成为无关紧要的东西。一个"完全"专业的最大社会化媒体，LinkedIn拥有一亿多名用户，不仅仅是一个可以分享你孩子的图片或谈论体育、音乐的空间。

名片不会告诉别人，你的旧同事将放弃从事财务人员的规划，转而成为一名歌手或作曲家；名片也不会告诉你，你第一份工作的前任助理会成为顶级律师事务所的合伙人。但LinkedIn会，这就是它吸引用户的原因。它又如何带来生意呢？本质上它们是同一回事。

如果你正确使用了LinkedIn，它便是一个招聘者的梦想。任何人都不会远离他想加入的团队，或谈一笔生意或合作伙伴关系的人多过六个。此外，LinkedIn可用定位功能，使你的公司成为行业中最好的工作地点。考虑与人力资源部创建一个充满活力的公司简介，在YouTube上分享关于你所在组织的企业文化的视频吧。

LinkedIn对营销人员来说是特别有用的。这个只为生意而设的网络，可以让管理人员和潜在客户、供货商和合作伙伴比在Facebook上感到更安全。考虑为你的企业创立一个空间，成为你领域内的思想领袖吧。你是否经营一家会计师事务所？为你旗下的注册会计师们创立一个LinkedIn群组，链接和合作新税法；你是否拥有一家连锁餐厅？为你下面的餐饮管理专业人员创立LinkedIn社群吧。

当然，现在你可以通过Facebook实现这些用途，但要记住，吸引其他人的方式是要与目标群体的DNA保持一致。许多潜在的应征者不会喜欢你在他们的Facebook留言板上发布有关你企业未来的职位空缺，尤其当他们与自己的老板互为Facebook朋友时。许多高层管理人员将Facebook作为个人使用，但却坚持将LinkedIn作为他们所有业务网络、业务活动和决策上的公开使用。

博客：为"媒体"培植思想领袖

博客是一个网站或网站的一部分，以倒序方式显示文章或条目为特色。这个世界有超过1.5亿个博客，为了做一个成功的博主，你需要为你的目标群体提供有价值的内容，持续地写（至少每周两次），并提供一个真正互动的氛围。表A.8列出了最佳博客平台的名单。

表A.8　四大博客平台

平台	网址	好处
WordPress	WordPress.org	你可以用各种主题和外挂组件，比如使用WordPress托管博客。
Tumblr	Tumblr.com	结合博客和Twitter的终极微博平台。
Posterous	Posterous.com	发送电子邮件至post@posterous.com，它可以为你创建博客。
Blogger	Blogger.com	瞬间安装，易于使用。

许多企业的博客并不成功，因为它们很少更新，而往往更新的信息也是新闻发布的广播材料，而不是宝贵的资源或内容。有了博客，你就比Facebook或Twitter有更多的机会去发表更长的文章和更新，包括照片、视频、投票，以及其他的多媒体，你也可以用自己的节奏和措辞来讲故事。

建立一个成功的博客有两方面的策略，包括建立和发展自己的博客，以及与其他博客互动，为你的目标群体提供与之相关的主题。通过你的博客巩固大批群众，你可以成为自己的出版商或媒体网络，删除或减少所谓的"媒体"中间人。今天，许多博客读者都比一些大报的读者多，你可以利用博客内容为自己增加媒体渠道。

企业建立博客的五大原因

在众多原因当中，以下应该是你的企业建立博客的五个主要原因，这会为你如何启动并继续撰写博客提供思路。

1. **扩大对话**：企业博客是你与群众和／或客户长期形成沟通的完美途径。Twitter和Facebook是一个快速、短信形式的理想平台，亦是非常重要的，博客却可以让你真正深入到关乎你行业的主题和趋势。

此外，博客有助于让你变得透明，让你知道你的受众群体"鲜为人知"的渴望。如果有人研究你的企业，他们将能够从你的企业博客中收集到更多的信息。虽然这些沟通形式很大程度上涉及你对问题的回应积极与否，但博客作为一种分享深入思想、做法和故事的渠道，会让你的企业变得独特和奇妙。你甚至可以将你的博客作为一个信息群体外包的平台。

开发新产品？请求你的博客群体的投入和想法，在开发的过程中得到目标消费者的参与！

2. **吸引未来客户**：博客会影响购买决定，无论你是否让你的读者知道商品是如何概念化的。制作、提出或展示你的产品，让消费者对你的产品有一个额外的认识。从这个意义上说，如一部照相机，你可以如实或用多种比喻描述，但如果你的企业能够提供更多的服务，这就不只是一件商品那样简单了。你可以把企业的博客视为销售电话或广告，这是具有成本效益的扩展。在现实中，21世纪的消费者期望他们购买的品牌，是社会化媒体能提供给他们的，而拥有一个企业博客，是其中需要采取的第一个步骤，让顾客可以与你进行直接研究和交流。

3. **吸引未来员工**：企业或品牌的好处只能通过招聘的人才反映出来。向潜在员工展示企业的结构、生命、如何形成构思，以及正在发生的令人兴奋的事情，基本上这些可以作为诱饵去引诱他们。让你的目标员工知道，与你工作将会是一次奇妙的机会，然后他们便会来找你。

4. **将自己定位为领导者**：作为一个品牌，你想被视为创新的领导者和行业内的思想领袖吗？那就要了解你所在行业中具有竞争力的企业，它们是如何越来越积极地参与博客的，请看看表A.9列出的资源。

博客可以让你分享企业里最好的想法，理性评论在你的空间中发生的事情。拥有一个写得好的博客将有助于你脱颖而出，或者胜过你的竞争对手。通过多人贡献的发布或一些简单构思，你企业的每一个人都有一种声音，而我敢肯定，他们都有很多话要说。

表A.9 寻找你所在行业的五大博客网址	
资源	网址
BlogDash	BlogDash.com
Blogdigger	Blogdigger.com
Google Blogs	BlogSearch.Google.com
IceRocket	IceRocket.com
Technorati	Technorati.com

5. **最优化的搜索引擎**（Search Engine Optimization，SEO）：最理想的情况是，博客是时常更新的，把自己化身为一个大型的搜索引擎。HubSpot报告指出，有活跃博客的企业能够获得高达55%以上的流量，包括较高的自然搜索和推荐流量。通过使用适当的关键词，与他人分享"link love"，并提交你的博客至名册，将有助于推动更多的目光投向你的网页。一旦你在博客发布内容，它便会无限期地存在。有人寻找一个特定的主题，可以偶然发现一个在几个月甚至几年前的发布，该内容在公开之后，将依然能够有效地持续一段很长的时间。当然，更多的目光会集中在企业的博客和网站上，最终将导致更高的客户流量。

Flickr、MySpace、Yelp联系小众

作为营销人员，了解你的目标群体是你的工作。如果你不这样做，是时候回到第一步，开始倾听和了解你的客户了；如果你正在这样做，你必须为你的忠实粉丝群 (heavy-user group) 做一些小众网络的研究，这肯定对你有最佳的利益。虽然大多数客户可能在使用Facebook、Twitter和YouTube，但仍有一些你的最热情客户可能只会使用较小的小众的社会化媒体。每个讨论区都有各自的兴趣所在，因此，如果你知道你的客户对哪个讨论区有兴趣，你可以在最有意义的一个小众讨论区里建立地盘。

热衷摄影？那Flickr就是为你而设的。完全有关音乐？看一看昔日的社会化媒体王——MySpace。爱上吸血鬼？试试VampireFreaks.com。喜欢

狗？Dogster.com。你的客户是国家最富有的人吗？看一看Affluence.org。甚至还有一个传闻是美国特务网站的"A-Space"。

Yelp、TripAdvisor和Angie's List是其中三个"评论式"的社会化媒体。用户评语仍然是一个最值得信赖的营销形式，有逾70%的网络用户信任这种有消费者参与的形式。你是否应该投入资源到这些小众网站，取决于你营销的是什么和你的目标群体是谁。

Yelp是一个餐厅和其他本地服务供货商的评论网站，而TripAdvisor则是一个旅游评论网站，它们只是几十个不同范畴和主题的评论网站中的两个。作为营销人员，你有责任确保你征集的任何评论都是诚实并来自真正客户的，要收到这样的评论，最好的办法是直接问他们。当我收到一张要求我填写经验的问卷，更有机会赢得10美元的礼品卡时，我感到困惑。为什么不让我在Yelp上分享评论，或在TripAdvisor上，或任何合适的评论网站上评论呢？如果评论是好的，这将无限地有助于品牌；如果评论是差的，它便反映了许多人的感觉，你就需要给品牌一个机会公开回应。

小众网络并不总是如Facebook或Twitter般方便，但它们仍然是值得开发的，先研究该社群如何运作，并询问社群负责人如何好好地参与其中。如果你正在制作一个小网站，若你的方式适用于群组，这便是非常有价值的。记住，你的目标是找到你的目标群体，无论他们在哪里，都要聆听他们、吸引他们，并加入他们的行列。

图书在版编目（CIP）数据

超赞营销：社会化媒体擦亮品牌 ／（美）戴夫·柯本著；刘霭仪，廖嘉莹译.
— 北京：中国人民大学出版社，2012.3
　ISBN 978-7-300-15135-9

Ⅰ．①超… Ⅱ．①戴… ②刘… ③廖… Ⅲ．①传播媒介－应用－企业管理－品牌营销
Ⅳ．①F279.23

中国版本图书馆CIP数据核字(2012)第003872号

天窗文化
ENRICH CULTURE

超赞营销：社会化媒体擦亮品牌

[美]戴夫·柯本　著

刘霭仪　廖嘉莹　译

出版发行	中国人民大学出版社	
社　　址	北京中关村大街31号	**邮政编码**　100080
电　　话	010-62511242（总编室）	010-62511398（质管部）
	010-82501766（邮购部）	010-62514148（门市部）
	010-62515195（发行公司）	010-62515275（盗版举报）
网　　址	http://www.crup.com.cn	
	http://www.ttrnet.com（人大教研网）	
经　　销	新华书店	
印　　刷	北京市易丰印刷有限责任公司	
规　　格	170mm×230mm 16开本	**版　　次**　2012年3月第1版
印　　张	15.5	**印　　次**　2012年3月第1次印刷
字　　数	160 000	**定　　价**　39.80元

打开天窗　说亮话

在信息杂芜多元的世界中，天窗文化期待以一本本悦目的书籍，打开一扇扇天窗，为新世代读者提供一个内容真实可信、角度新颖、编排轻松的阅读平台，以激发独立思考和创新能力，倡导拥抱梦想、健康向上、自我提升的生活方式。

经典 CLASSIC 01

股票作手沉思录——利弗莫尔价格狙击方程式

| 作者 | 杰西·利弗莫尔 | 规格 | 178页 | 170mm × 210mm | 双色印刷 |
| | | 定价 | 39.80元 | ISBN 978-7-300-12272-4 |

投资天才利弗莫尔唯一亲撰著作，描述利氏传奇一生的投资理念。本版特邀国内基金经理张翎先生审定，译文质量上乘，更以A股市场操作实例来分别对应书中章节，撰写精彩导读，细致诠释利弗莫尔的投资原则，实为经典著作中不可多得的"增值强化"版，值得收藏。

经典 CLASSIC 02

财富大癫狂——集体妄想及群众疯潮

| 作者 | 查尔斯·麦基 | 规格 | 208页 | 150mm × 230mm | 单色印刷 |
| | | 定价 | 48.00元 | ISBN 978-7-300-13854-1 |

投资心理学最经典著作，本版次由香港财经名家林行止先生亲撰序言推荐，芝加哥大学经济学博士精心翻译并逐章导读，把人类历史上著名的投资者疯狂时刻与今天大众的投资心理对应分析，提醒投资者提防人性陷阱，修炼投资心态，避免重蹈覆辙。

智富 FINANCE 01

金手铐的救赎——一个投资银行家的海啸后自白

| 作者 | 黄元山 | 规格 | 228页 | 170mm × 210mm | 双色印刷 |
| | | 定价 | 39.80元 | ISBN 978-7-300-11235-0 |

香港独立投资评论人、前投行高层黄元山，以第一人称讲述在国际顶尖投资银行的生活。从他的经历中，可以看到众多复杂金融衍生工具如何应运而生，如何成为日后金融海啸的导火线。在他的成长中，可以看出一位青年学子如何积极进取，一步步确立自己的价值。当他转身而去，摆脱投资银行家身份，投身慈善事业时，这种选择的意义同样令人深思。

乱世华尔街——一位华人交易员的经历

作者 渔阳　　**规格** 272页 | 170mm × 210mm | 单色印刷
　　　　　　　　　定价 39.80元 | ISBN 978-7-300-13244-0

作为华尔街一线交易员，渔阳从市场交易的角度描述华尔街的风云变化，带领读者体会"风起于青萍之末"的细微、"火烧连营船"的惨烈、"无可奈何花落去"的崩盘。作者以冷静又略带诙谐的笔触，将海啸原由——细数，更描画出后海啸时代的华尔街的新秩序、新市场、新思维，让读者对现在的华尔街有更深层次的认识和了解。

财富非常通道——"散户明灯"曾渊沧创富启示录

作者 曾渊沧　　**规格** 220页 | 170mm × 210mm | 双色印刷
　　　　　　　　　定价 39.80元 | ISBN 978-7-300-13245-7

香港投资界领军人物、"散户明灯"曾渊沧博士，自创"曾氏通道"——以对数直线回归法，捕捉股市最底及最顶信号，成功摆脱一次次股票危机，聪明赚取亿万财产。作者以自己的创富历程为明证，阐释捕捉股市动态的独门秘笈，特别适合中小型投资者学习和使用。

买入中国：称雄全球的中国对冲基金经理投资之道

作者 张承良 陈宜飏　　**规格** 264页 | 170mm × 210mm | 双色印刷
　　　　　　　　　　　　　定价 48.00元 | ISBN 978-7-300-14022-3

2009年全球对冲基金业绩排名第二、华人对冲基金经理第一人张承良博士的首部投资著作。作者打破行业禁忌，完整解密对冲基金的操作密码，全方位呈现对冲王国的盛世繁华与战场硝烟，并首次全盘公开其选股秘诀，配合多个实战案例，详尽解析选股过程，全面剖析当前经济大势及投资热点。

战胜机构投资者

作者 朱平　　**规格** 224页 | 170mm × 210mm | 双色印刷
　　　　　　　　　定价 45.80元 | ISBN 978-7-300-14185-5

作者朱平现为广发基金副总经理，执掌千亿投资资金，在中国股票市场征战十余载，积累了深厚的投资见识和经验。在此书中，他由投资理念出发，详解各种估值工具及不同类别股票的投资方法，更结合当前经济发展趋势，大胆预言中国股市的下一个黄金十年，指点未来最具投资潜力的超级企业，告诉投资者如何在新的变革和趋势到来时捕捉投资先机。